INTRODUÇÃO AO FASCISMO

LEANDRO KONDER

INTRODUÇÃO AO FASCISMO

2ª edição

**EDITORA
EXPRESSÃO POPULAR**

São Paulo - 2009

Copyright © 2009, by Expressão Popular

Revisão: *Geraldo Martins de Azevedo Filho e Ricardo Nascimento Barreiros*
Projeto gráfico e diagramação: *ZAP Design*
Imagem da capa: *Miliciano da FAI nos primeiros dias da defesa de Barcelona, julho 1936. Foto de A. Centelles Osso. Acervo Iconographia.*
Capa: *Marcos Cartum*
Impressão e acabamento: *Printi*

```
       Dados Internacionais de Catalogação-na-Publicação (CIP)
       Konder, Leandro, 1936-2014
K82i       Introdução ao fascismo / Leandro Konder. --1.ed. –
       São Paulo :  Expressão Popular, 2009.
       179 p.

       Indexado em GeoDados - http://www.geodados.uem.br
       ISBN 978-85-7743-118-2

       1. Fascismo.  I. Título.
                                                    CDD 320.533
                                                         329.18
              Bibliotecária: Eliane M. S. Jovanovich  CRB 9/1250
```

Todos os direitos reservados.
Nenhuma parte deste livro pode ser utilizada
ou reproduzida sem a autorização da editora.

Publicado originalmente pela Editora Graal em 1977.
1ª edição da Expressão Popular: setembro de 2009
7ª reimpressão: outubro de 2024

EDITORA EXPRESSÃO POPULAR
Alameda Nothmann, 806, Campos Elíseos
CEP 01216-001 – São Paulo – SP
atendimento@expressaopopular.com.br
www.expressaopopular.com.br
 ed.expressaopopular
 editoraexpressaopopular

SUMÁRIO

NOSSO GUIA NA FLORESTA DE PAPEL:
O ARTÍFICE DA PALAVRA CLARA 9
Mauro Luís Iasi

O CONCEITO DE FASCISMO

I 23
II 25
III 27
IV 31
V 35
VI 39
VII 43
VIII 47
IX 49
X 53

COMO O FASCISMO "CLÁSSICO"
FOI INTERPRETADO NA SUA ÉPOCA

I 59
II 63
III 67
IV 69
V 73
VI 77
VII 81
VIII 89
IX 97
X 101

A DISCUSSÃO SOBRE O FASCISMO DEPOIS
DA MORTE DE HITLER E MUSSOLINI
I 109
II 113
III 119
IV 123
V 127
VI 129
VII 133
VIII 139
IX 141
X 145

CONCLUSÃO: A SITUAÇÃO ATUAL DAS CONTROVÉRSIAS
EM TORNO DO FASCISMO
I 153
II 157
III 161
IV 165
V 169
VI 173
VII 177

*"E praza a Deus que o triste e duro Fado
de tamanho desastre se contente;
que sempre um grande mal inopinado
é mais do que o espera a incauta gente."*
Camões, Écloga VIII.

*A minha mãe Yone Konder.
E a Carlos Nelson Coutinho, meu amigo.*

NOSSO GUIA NA FLORESTA DE PAPEL: O ARTÍFICE DA PALAVRA CLARA

MAURO LUIS IASI[1]

> *O Terceiro Reich lembra*
> *A construção do assírio Tar, aquela fortaleza poderosa*
> *Que, diz a lenda, não podia ser tomada*
> *por nenhum exército, mas que*
> *Através de uma única palavra clara, pronunciada no interior*
> *Desfez-se em pó.*
>
> Bertolt Brecht

No início do mesmo poema que nos serve de epígrafe, Brecht nos diz que se um estrangeiro voltando ao Terceiro *Reich* depois de uma longa viagem, perguntasse quem realmente governa a Alemanha, teria como resposta: o medo. A prepotência da força que impõe o medo e o planta no mais profundo da alma dos homens, constrói fortalezas e queima bibliotecas, esconde, segundo o poeta comunista alemão, o fato de que o temor domina não apenas os dominados, mas também os dominadores; e se pergunta o poeta: por que temem tanto a palavra clara? Que força tem certas palavras que podem implodir as mais sólidas fortalezas?

Marx já disse que a arma da crítica não pode substituir a crítica das armas, como prova a efetiva derrota do nazifascismo na Segunda

---

[1] Professor Adjunto da Escola de Serviço Social da UFRJ. Educador do NEP 13 de Maio e membro do Comitê Central do PCB.

Guerra, mas também nos lembra que as ideias se convertem em força material quando se apoderam das classes em luta. A derrota militar do fascismo não se completa se não nos debruçarmos sobre a difícil tarefa de compreender teoricamente o fenômeno fascista para que, sob outras formas, sua essência não nos venha novamente assaltar.

Leandro Konder nos alerta, logo no início de seu livro sobre o tema, que a compreensão do fascismo é um dos "temas quentes" da ciência social e aquele que se aventura na "selva de papel", composta pelas inúmeras produções que tentaram compreender suas origens e determinações, para defendê-lo, combatê-lo ou utilizá-lo para seus fins próprios, corre o risco de sofrer graves queimaduras, ou, ainda, de perder-se na selva de palavras que desorientam a percepção e impedem que se veja o horizonte.

Como convém diante de toda selva que nos desafia, necessitamos de um bom guia que não confunda as árvores com o bosque. Konder, com a modéstia que lhe é peculiar e seu profundo senso didático, se propõe a nos guiar no emaranhado de uma literatura "profunda e incuravelmente contraditória". Sua bússola dialética e o sólido lastro teórico no marxismo produzem dois efeitos muito úteis em nossa empreitada: por um lado, evitam que nos percamos na astúcia e na sedução dos argumentos; e, por outro, talvez o fundamental, nos permitem o diálogo. Só pode enfrentar, de fato dialeticamente, o debate com outras posições aquele que parte radicalmente de uma posição, assim como, só aquele que tem verdadeiramente convicção de seus fundamentos e pressupostos pode viajar pelo debate sem carregar em sua bagagem o peso do sectarismo. Por isso, não poderíamos encontrar melhor guia para nos conduzir introdutoriamente através da floresta de papel que procurou compreender o fascismo do que Leandro Konder.

Mas, por que seria hoje necessário encarar o tema do fascismo? Por que trazer aos leitores da coleção *Assim lutam os povos* este livro de Konder escrito em seu período de exílio na Alemanha na década de 1970 e publicado pela primeira vez entre 1977? Que motivo nos levaria a incluir uma reflexão sobre as determinações do fascismo em uma coleção que trata das experiências e construções teórico--práticas do proletariado no caminho de sua luta pela emancipação? Dois motivos essenciais nos animam. No momento em que a Editora Expressão Popular homenageia esse importante intelectual comunista com a reedição de quatro livros de sua vasta e significativa produção (*A derrota da dialética, Marxismo e alienação, O marxismo na batalha das ideias* e *Introdução ao fascismo*, Expressão Popular, 2009), nos pareceu oportuna a possibilidade de tornar acessível aos nossos leitores militantes uma reflexão profundamente didática sobre o fascismo, não apenas por aquilo que essa reflexão tem de didática, mas também por o que tem de profunda. Em segundo lugar, nos parece que, ainda que datadas, as reflexões de Konder são, ao mesmo tempo, profundamente atuais e úteis.

Escrito nos anos de 1970, o texto de Konder fala de um campo socialista imenso e complexo então existente, no auge da guerra fria e do ciclo que manchou o mundo e nossa triste América Latina com sangrentas ditaduras. Nesse contexto aparentemente tão distinto de nossos não menos tristes dias, o filósofo marxista se empenha em compreender o fascismo com a necessária objetividade analítica que só é possível para aqueles que recusam a neutralidade axiológica, ou seja, diferentemente de Croce, que teria dito, quando perguntado se escreveria uma história do fascismo, "não a escrevi e nunca a escreverei, pois odeio tanto o fascismo que me proíbo a mim mesmo de tentar pensar na história dele" (citado por Konder na obra que o leitor tem em mãos), Konder afirma que sua repulsa pelo fascismo não o impede de considerá-lo um dos "fenômenos políticos mais significativos do século 20".

Caso pudéssemos resumir o objetivo principal do autor, diríamos que sua preocupação fundamental consistia em polemizar com as leituras até então realizadas sobre o tema, alertando o leitor que existe uma universalidade no fascismo que ultrapassa suas manifestações particulares tal como se objetivaram na Itália e na

Alemanha no contexto histórico da Segunda Guerra Mundial. Despido de suas particularidades, o fascismo clássico revela fundamentos que podem encontrar novas formas de manifestação e aí reside seu verdadeiro perigo. Ao mesmo tempo, enganam-se aqueles que generalizam na agitação política o epíteto de fascista como identificador de qualquer forma de violência governamental ou ação antipopular, banalizando e descaracterizando o conceito.

A dialética da forma e do conteúdo só pode ser eficientemente operada quando logramos encontrar as determinações precisas dos fenômenos e essa é a linha essencial que conduz o estudo de Konder e lhe permite dialogar criticamente com uma variedade impressionante de autores que vão desde o pensamento conservador de direita que saudou o fascismo e procurou justificá-lo, passando pela crítica liberal que ora procurou conviver com ele, ora criticou-o superficialmente para depois voltar a usá-lo como parte de sua ofensiva antissocialista, até o pensamento de esquerda que nem por isso deixou de padecer de análise que deixavam escapar a essencialidade do fenômeno fascista.

Assim, *Introdução ao fascismo* é, além de uma análise do fenômeno, um excelente e didático exemplo de como fazer um estudo teórico, um retrato do "estado da arte" da discussão, isto é, tudo que se disse sobre o tema, quem disse, o que os motivava e, o que para nós marxistas é fundamental, que interesses de classe movia cada interpretação no terreno vivo da luta que se travava.

Outra característica singular desse filósofo comunista, já ressaltada nos prefácios de José Paulo Netto e Carlos Nelson Coutinho que apresentam duas das obras agora editadas pela Expressão Popular, é a tolerância. Konder, como veremos a seguir, não concede um milímetro no que tange a princípios e fundamentos metodológicos, por vezes bastante incisivo na crítica, mas é sempre respeitoso e chega a ser gentil com seus oponentes, como um médico que se preocupa a propiciar uma morte tranquila a um doente terminal.

Sempre pronto a destacar aspectos relevantes e significativos de seus mais destacados oponentes, Konder não poupa a ironia cortante e arrasadora quando esta cabe, como na passagem em que comenta Shirer e seu famoso livro *Ascensão e queda do Terceiro Reich*, no qual procura implicar Hegel como responsável intelectual do nazismo pelo seu culto do Estado Prussiano, nos brindando com esta precisa imagem:

> Percebe-se que Shirer, no contato que teve com os textos de Hegel, viu-se exatamente na situação de um plácido camelo que contemplasse uma catedral gótica.

O que impressiona o leitor de nossos tempos de decadência cultural é a vitalidade e desenvoltura com que Leandro Konder navega entre personagens políticos, autores, intérpretes e personalidades do mundo das artes, citando passagens reveladoras não apenas da origem do pensamento fascista, como também das formulações que, em sua época ou depois dela, procuraram defendê-lo ou atacá-lo.

Acredito que o que permite ao autor uma sólida corda de segurança para adentrar ao debate nesta tão intrincada selva de papel de concepções sobre o fascismo são dois aspectos. O pressuposto segundo o qual o fascismo é uma expressão política de direita que se liga ao capitalismo em sua fase monopolista na qual o Estado passa a ser essencial à manutenção e reprodução do capital. Esse aspecto lhe permite não se confundir com intuições que ressaltam um ou outro aspecto particular do fenômeno que, ainda que verdadeiros, não nos possibilitam compreender suas determinações, como é o caso dos fatores de personalidade, aspectos ligados à forma de agitação, apelos isolados a demandas proletárias, racismo e outros. O segundo elemento é de natureza metodológica e mais sutil, portanto difícil de ser visto. Leandro Konder não se contenta em conceituar o fascismo de maneira precisa:

> O fascismo é uma tendência que surge na fase imperialista do capitalismo, que procura se fortalecer nas condições de implantação do capitalismo

monopolista de Estado, exprimindo-se através de uma política favorável à crescente concentração do capital; é um movimento político de conteúdo social conservador, que se disfarça sob uma máscara "modernizadora", guiado pela ideologia de um pragmatismo radical, servindo-se de mitos irracionalistas e conciliando-os com procedimentos racionalistas-formais de tipo manipulatório. O fascismo é um movimento chauvinista, antiliberal, antidemocrático, antissocialista, antioperário. Seu crescimento num país pressupõe condições históricas especiais, pressupõe uma preparação reacionária que tenha sido capaz de minar as bases das forças potencialmente antifascistas (enfraquecendo-lhes a influência junto às massas); e pressupõe também as condições da chamada sociedade de massas de consumo dirigido, bem como a existência nele de um certo nível de fusão do capital bancário com o capital industrial, isto é, a existência do capital financeiro.

Notem o quanto a definição é precisa e procura sintetizar o fundamental do fenômeno fascista; no entanto, Konder segue sua análise com uma ponderação aparentemente inquietante:

Uma primeira caracterização do fascismo não pode deixar, entretanto, de permanecer demasiado abstrata. Para que o conceito venha a se tornar mais concreto, precisamos nos reportar à história do fenômeno a que ele se refere. Vamos nos propor, então, a responder a duas perguntas: 1. Como surgiu o fascismo? 2. Como foi interpretado ao longo do processo em que foi amadurecendo?

O aspecto metológico que gostaríamos de ressaltar é o seguinte: ao lado dos elementos e determinações materiais (a concentração monopolista e sua transformação em imperialismo sob a determinação do capital financeiro) e dos elementos da expressão política como um movimento essencialmente conservador, como um "chauvinismo antiliberal, antidemocrático, antissocialista e antioperário", Konder considera essencial à compreensão do fenômeno a sua inserção na história ("pressupõe condições históricas especiais") e a apropriação de elementos subjetivos através dos quais, parafraseando Marx, os seres humanos em cada época tomam consciência das contradições do real e lutam para resolvê--las. Daí a referência a aspectos como a maneira como o fascismo foi interpretado ao longo do processo de seu amadurecimento e, também, a aparentemente paradoxal convivência entre aspectos como o "conteúdo conservador" e a "máscara modernizadora", ou mais precisamente "mitos irracionalistas" e "procedimentos racionalistas formais".

Aqui se evidencia um aspecto já ressaltado por Coutinho em sua apresentação de *A derrota da dialética*, qual seja, as bases teóricas que permitem a singularidade do pensamento de Konder quando comparado com a tradição marxista no Brasil. Seu marxismo é vivo e dinâmico e respira acima da atmosfera dogmática dos manuais que com seus corpos tacanhos tentam em vão aprisionar o marxismo. Sua análise é gramscianamente unitária na síntese dialética dos elementos objetivos e subjetivos que compõem o bloco histórico, e, ao mesmo tempo, lukacsiana na prioridade da totalidade como elemento essencial do método marxiano.

A leitura da obra de Lukács, *A destruição da razão* (escrita em 1952 e publicada pela primeira vez em alemão em 1954), o leva a afirmar que

como fenômeno especificamente moderno, limitar-nos-emos a endossar aqui o ponto de vista de Lukács, segundo o qual o fascismo aproveitou elementos das mais variadas linhas de pensamento reacionárias, reunindo-os de maneira eclética e em função de um uso muito claramente pragmático.[2]

No entanto, Konder não se contenta apenas em identificar a pertinência das categorias de "irracionalismo" e "manipulação" deri-

---

[2] Citado por Konder diretamente da versão alemã (*Die Zerstorung der Vernunft*). É bom ressaltar que Lukács chega à redação de *A destruição da razão* após uma sólida reflexão sobre a cultura e a história alemã, cujo testemunho pode nos ser oferecido por suas reflexões imediatamente anteriores a esse importante livro, tais como *O jovem Hegel e os problemas da sociedade capitalista* (escrito no final dos anos de 1930), o ensaio *Progresso e reação na literatura alemã*, de 1945, *Goethe e sua época* (publicado em 1946), *Karl Marx e Friedrich Engels como historiadores da literatura*, em 1948.

vadas da concepção lukacsiana. Esmiúça a trajetória das interpretações fascistas e sobre o fascismo de maneira meticulosa, revelando cada passo que deixa sua pegada marcada no terreno da constituição desse fenômeno político. Isso lhe permite não apenas compreender as determinações do fenômeno como totalidade, evitando as interpretações que se prendem a aspectos particulares do mesmo, como também o protege das tentações posteriores ao fim da guerra e da derrota do fascismo clássico, que buscavam identificar o fascismo e o comunismo como manifestações diversas da mesma essência, qual seja, o "totalitarismo", como se consagrou na análise de Hannah Arendt.

A leitura de *Introdução ao fascismo* nos leva, ainda, a profundas reflexões sobre nossos tempos presentes. O fascismo como fenômeno político de direita é inconcebível sem uma determinada visão mítica de "nação" e o chauvinismo que lhe acompanha necessariamente. Em uma nota de rodapé, Konder afirma que:

> As proporções assumidas pelo racismo e pelo antissemitismo no caso do fascismo alemão contribuem para que alguns autores – como Leon Poliakov e Josef Wulf, por exemplo – percam de vista o fato de que na ideologia fascista é o chauvinismo que é essencial, e não o racismo. Pode existir um fascismo que não seja racista, mas não pode existir fascismo que não seja chauvinista.

Contrariando as previsões mais otimistas da breve ordem pós-moderna, que, apregoando o reino da diversidade, imaginava ter superado os nacionalismos chauvinistas, o mundo contemporâneo se afoga em um revigoramento de nacionalismos conservadores e reacionários alimentado pelos renovados interesses interimperialistas em disputa, como se demonstrou na Guerra dos Bálcãs e em outros trágicos exemplos. A xenofobia alimenta a direita europeia e é indisfarçável a paternidade fascista do *Patriotic Act* quando determina a possibilidade de prisão sem acusação formal ou qualquer julgamento de qualquer um que "pareça árabe".

Presos à incapacidade de compreensão da distinção entre forma e conteúdo, os mais preocupados espíritos atormentados de liberais democratas, ou seus jovens aliados recém-liberais e tardiamente democratas, ficam a espera de uniformes marrons, camisas negras, suásticas e *facios*, e deixam escapar manifestações muito mais substanciais. O culto pós-moderno do irracionalismo combinado com a ostensiva retomada de um cientificismo neopositivista, o elogio dos sentimentos e instintos contra a razão, o pragmatismo renovado da *realpolitik*, a negação da teoria pela revigorada ofensiva daqueles que Zizek batizou de "agnósticos da new age", e, principalmente, o brutal anticomunismo, o cínico preconceito de classe contra os trabalhadores e sua mais sofisticada e sutil, mas nem por isso menos brutal, expressão acadêmica na tese do "fim do mundo do trabalho" e a suposta impropriedade do conceito de classe social como instrumento explicativo da sociedade contemporânea, nos alertam que os cadáveres enterrados na Itália e Alemanha tiveram tempo de liberar sua alma.

Quem viu o presidente Bush, esse produto exemplar de uma época de decadência, no Senado estadunidense quando da declaração da guerra contra o terror que preparou a ofensiva no Iraque, pode não ter notado ali ao fundo, incrustado na parede daquela respeitável casa de leis que Arendt considerava o paradigma da democracia moderna, um indisfarçável *fascio*, símbolo inconteste de impérios e do fascismo. Pode ser não mais que uma coincidência, nem tudo que tem um feixe de varas amarrado em torno de um machado é fascista, assim como nem tudo que ostenta uma foice e martelo é comunista, mas as coincidências nunca são totalmente casuais.

O que substancialmente Konder nos alerta é que o fundamento do fascismo como expressão política da direita mais conservadora deve ser encontrado em suas determinações de classe. No entanto, aqui também, as coisas não são tão simples. Parece ser evidente, e para mim esta é uma constatação de grande importância, que o fascismo inicialmente se apoia na pequena burguesia que, como sempre, ambiciona estar acima das classes fundamentais em luta e é a legítima proprietária do mito da nação. Mas a pequena burguesia não poderia explicar a dimensão do fenômeno fascista na sua expressão clássica e em sua sobrevida. O empreendimento da guerra, a combinação eficiente de métodos de propaganda e agitação política e a rápida ascensão do nazifascismo só podem ser compreendidos se associarmos o método e fundamento político da pequena burguesia à adesão do grande capital monopolista, financeiro e imperialista.[3]

Boa parte das análises conservadoras sobre o fascismo posteriores à Segunda Guerra, procura distanciar-se da constatação, por si mesma evidente, a respeito do comprometimento dos grandes empresários e do capital monopolistas com o projeto fascista,[4] seja identificando o nazifascismo com a alternativa socialista e comunista sob a categoria de "totalitarismo" como dissemos, seja isolando o fenômeno como expressão de desvios de personalidade

---

[3] Identificando corretamente a característica pequeno-burguesa na concepção fundante do fascismo e a importância do apoio efetivo do grande capital, existe na análise de Konder, ao meu ver, uma certa relativização exagerada do papel que desempenha o apoio, passivo ou não, de setores consideráveis das massas operárias e da classe trabalhadora em geral. Konder diz literalmente que "A classe operária foi, evidentemente, menos envolvida pela demagogia 'nacionalisteira' dos fascistas do que a pequena burguesia e as chamadas *camadas médias* da população. Mas mesmo alguns trabalhadores chegaram a se entusiasmar com a ideia de pertencerem à 'comunidade popular' (*Volksgemeinschaft*) dos alemães, à superior 'raça ariana'; ou então – na Itália de Mussolini – chegaram a se entusiasmar com a ideia de serem os herdeiros do antigo império romano, de César e de Augusto, e de ajudarem a relançar as bases da grandeza italiana no mundo, partindo do conceito religioso da 'italianidade'." Creio que o fascismo e o nazismo lograram conquistar um apoio na classe trabalhadora, o que exige por nossa parte uma reflexão bastante séria, até porque o apoio do grande capital aos representantes da pequena burguesia fascista se explica, em parte, por sua capacidade de orientar os trabalhadores e dirigi-los para um projeto que não o socialismo revolucionário. Acredito que algumas pistas contidas nas reflexões de Reich em seu *Psicologia de massas do fascismo*, que Konder trabalha ligeiramente, poderiam aqui ser muito úteis.

[4] Hoje sabemos com grande certeza da íntima relação entre monopólios – não só alemães, como a Volkswagen, mas também estadunidenses como a IBM – e o nazismo.

de líderes de massa, seja condenando o fenômeno aos arquivos de história.

Para nós, o essencial, seguindo as pistas da introdução de Konder, é o caráter de classe do projeto fascista, sua intrínseca relação com a fase monopolista e imperialista e sua inseparável vinculação com o irracionalismo pragmático. Por isso, não nos espanta as novas formas que escondem velhos espíritos que se acreditavam exorcizados. Adorno afirmou que os Estados Unidos entraram na guerra não para derrotar o nazismo, mas para aprender com ele. Weber, deprimido pela derrota Alemã naquela que ele havia considerado "apesar de tudo, uma grande e maravilhosa guerra" (referia-se à Primeira Guerra Mundial), vai aos Estados Unidos, mas quando olha para a jovem democracia americana sentencia de forma pessimista, como era de seu feitio, que o que via era a escolha entre uma democracia fundada em partidos burocráticos sem liderança ou líderes carismáticos acima de partidos. De uma forma ou de outra, Weber arremata concluindo que estaríamos diante de uma "manipulação emocional das massas para fins absolutamente racionais", antecipando, sem o saber, o que viria a ocorrer em sua própria terra.

O que Weber não podia saber, e que Konder nos revela, é o que há de comum na base material e nas expressões ideológicas dessas situações aparentemente tão distintas. A forma capitalista desenvolvida em monopólios que dão o salto ao imperialismo e que necessitam do Estado como síntese abstrata possível da sociabilidade incontrolável do capital.

Hábil operador da bússola dialética, Konder não se descuida das mediações. A mesma base econômica não implica na inevitabilidade da forma política. O capital monopolista/imperialista pode servir-se de outras formas para atingir os mesmos fins. Não nos surpreende que a atual "guerra contra o terror" seja feita em nome da defesa da "democracia", que ditadores como Franco, Salazar, Pinochet, assim como os ditadores tupiniquins, tenham sido acolhidos com um caloroso abraço no campo do "mundo livre" e democrático contra o perigo do comunismo, enquanto Fidel é sempre incluído na lista dos "ditadores".

Capital monopolista em crise, imperialismo, ofensiva anticomunista, criminalização de movimentos sociais, decadência cultural, hegemonia da política pequeno-burguesa em detrimento da política revolucionária do proletariado, irracionalismo, neopositivismo, misticismo, chauvinismos nacionalistas acompanhados ou não de racismo... Não se enganem. Só posso alertar, como certa feita o fez Marx, que "esta fábula trata de ti"!

Rio de Janeiro, agosto de 2009.

O CONCEITO DE FASCISMO

I

O que é o fascismo? Comecemos por dizer francamente que a nossa repulsa por ele não nos impede de considerá-lo *um dos fenômenos políticos mais significativos do século 20*. E a existência de uma vastíssima literatura dedicada ao tema sugere que o nosso ponto de vista não é muito original: *milhares* de pessoas já viram no fascismo uma realidade que merecia tornar-se objeto de estudos, reflexões, comentários, pesquisas, reportagens, interpretações, crônicas, escritos das mais variadas espécies.

Quem se aventurar a penetrar nessa floresta de papel impresso, porém, verificará sem dificuldade que a imensa literatura sobre o fascismo é profunda e incuravelmente contraditória. Nós fizemos a experiência. E, mesmo fazendo abstração dos esforços desenvolvidos explicitamente no sentido de legitimar as posições fascistas, mesmo deixando de lado a literatura de propaganda do fascismo, tropeçávamos a cada passo com formulações provenientes de fontes ditas "liberais" ou até "socialistas" cujo *uso social* (independentemente das intenções subjetivas de seus autores) implicava *impedir que o fascismo fosse efetivamente compreendido, implicava confundir e enfraquecer as forças capazes de se opor com firmeza às tendências fascistas*.

Por isso, quando retornamos do passeio que fizemos ao longo do material consagrado à discussão em torno do fascismo (um passeio em que nunca tivemos a pretensão de "esgotar" a matéria e nem mesmo a ilusão de nos tornarmos "especialistas"), decidimos escrever esse trabalho, um trabalho obviamente polêmico, cuja intenção é apenas a de *facilitar a participação do público brasileiro na importante batalha teórica que vem sendo travada há várias décadas no interior da literatura sobre o fascismo.*

Essa batalha continua, e provavelmente continuará ainda por muitos anos. Ela faz parte do confronto teórico geral que se realiza em torno de todos os temas "quentes" das ciências sociais.

O fascismo é, com toda a certeza, um desses temas. É, aliás, um tema tão "quente" que costuma provocar queimaduras.

II

Por seu alto teor explosivo, a palavra "fascista" tem sido frequentemente usada como arma na luta política. É compreensível que isso ocorra. Para efeito de agitação, é normal que a esquerda se sirva dela como epíteto injurioso contra a direita. No entanto, esse uso exclusivamente agitacional pode impedir a esquerda, em determinadas circunstâncias, de utilizar o conceito com o necessário rigor científico e de extrair do seu emprego, então, todas as vantagens políticas de uma *análise realista e diferenciada* dos movimentos das forças que lhe são adversas.

Nem todo movimento reacionário é fascista. Nem toda repressão – por mais feroz que seja – exercida em nome da conservação de privilégios de classe ou casta é fascista. O conceito de fascismo não se deixa reduzir, por outro lado, aos conceitos de ditadura ou de autoritarismo.

A história da humanidade registra episódios de extrema crueldade em momentos de tirania a mais absoluta, mas nem por isso tem sentido sustentar que na antiga Esparta havia um Estado fascista ou classificar Nero, em Roma, de fascista. O conceito de fascismo também não nos ajudará absolutamente nada no exame do fanatismo da Santa Inquisição ou no estudo da monstruosa conquista do Peru pelos espanhóis.

Mesmo aplicado a movimentos, organizações e regimes do nosso século, a formações sociopolíticas contemporâneas que recorrem sistematicamente ao terror contrarrevolucionário, o conceito pode se prestar a equívocos. Um exemplo: o falecido (e nada saudoso) François Duvalier – o "Papa Doc" – representa no Haiti um fenômeno comparável ao de Hitler e Mussolini? Na crônica das perversidades, é possível que a ação dos *Tonton-Macoutes* até supere a truculência dos *squadristi* e a ferocidade dos *SA*, mas a significação histórico-mundial do que se passou na Itália, durante os anos de 1920, e na Alemanha, durante os anos de 1930, é muito diferente da do regime do "Papa Doc". A tirania de Duvalier não passa de uma variante extemporânea (nem por isso menos trágica) do despotismo reacionário de velho estilo, cujas formas de existência foram sendo banidas dos centros da história contemporânea e só subsistem relegadas à periferia do nosso mundo. Mussolini e Hitler, ao contrário, conquistaram um lugar no próprio centro da história do nosso século, como pioneiros de *uma nova concepção política da direita*.

III

O recurso aos conceitos de "direita" e "esquerda" tem sido, ultimamente, muito questionado. Porém, se formos verificar, perceberemos que aqueles que negam validade à contraposição clássica de direita e esquerda *nunca são homens de esquerda*. O historiador Enzo Santarelli lembra, a propósito, que no Congresso de Roma (novembro de 1921), o recém-eleito deputado Dino Grandi explicou a seus colegas de partido que ele e os demais fascistas só tinham ocupado as cadeiras situadas *à direita* na Câmara por razões "topográficas e pugilísticas" e não por motivos programáticos.[1]

Na realidade, o conceito de direita é imprescindível a uma correta compreensão do conceito de fascismo, embora seja mais amplo do que este: a direita é o gênero de que o fascismo é uma espécie. E o objetivo do presente ensaio é exatamente esclarecer o que é que essa espécie apresenta de *novo* no quadro da evolução geral do gênero a que ela pertence.

Em sua essência, a ideologia da direita representa sempre a existência (e as exigências) de forças sociais empenhadas em conservar determinados privilégios, isto é, em conservar um determinado sistema socioeconômico que garante o estatuto de propriedade de que tais forças são beneficiárias. Daí o *conservadorismo* intrínseco da direita.

---

[1] *Storia del Fascismo*, Santarelli, Roma, 1973, vol. 1, p. 268.

O conteúdo conservador de uma concepção não implica que ela se exteriorize necessariamente numa *política de resistência passiva à mudança*. Os conservadores sabem que, para uma política ser eficaz, ela precisa ser levada à prática através de iniciativas concretas, manobras, concessões, acordos, golpes de audácia, formas de arregimentação das forças disponíveis que transcendem da mera atitude *doutrinária*.

A efetiva conservação dos privilégios depende menos de esforços lógicos do que de energia material repressiva: para o responsável pela prisão é mais importante que os guardas sejam de confiança e as portas das celas sejam sólidas do que persuadir os presos da excelência do sistema penal vigente.

Um certo pragmatismo, portanto, se encontra em todas as expressões qualificadas da direita, tanto em Metternich quanto em Disraeli, tanto em Bismarck quanto em Churchill. Mas a ideologia da direita encerra uma contradição interna, que se manifesta com clareza tanto maior quanto mais abstrato é o nível da sua fundamentação teórica: na medida em que a direita produz seus ideólogos mais ambiciosos (os seus filósofos), não pode impedir que eles se lancem em busca de princípios mais universais para a ideologia que estão ajudando a elaborar. E a busca da universalidade torna a ideologia da direita menos funcional, danifica a solidez das suas articulações pragmáticas, inevitavelmente *particularistas*.

O próprio sistema em cuja defesa as classes dominantes se acumpliciam – um sistema que gravita em torno da competição obsessiva pelo lucro privado – impede que as forças sociais em que consiste a direita sejam profundamente solidárias: elas só se unem para os objetivos limitados da luta contra o inimigo comum.

Os ideólogos que, com maior ou menor consciência, representam o conglomerado insuficientemente coeso das classes conservadoras precisam competir entre eles. E a representação de cada grupo se esforça por apresentar seu ponto de vista como mais válido, quer dizer, *mais universal* que o dos demais grupos. A cínica confissão do caráter pragmático, "arbitrário", de uma mera defesa de interesses particulares enfraqueceria a posição de um ideólogo conservador de tipo tradicional nessa competição. Por isso os ideólogos conservadores tratavam de formular princípios "generosos": tais princípios revelavam na conquista das consciências uma eficácia mistificadora superior à da secura pragmática. Mas, aumentando o poder de mistificação da ideologia da direita, eles aumentavam também, inevitavelmente, os seus elementos de *automistificação*. Embriagados com os princípios "generosos" que haviam forjado, os grandes ideólogos da direita perdiam a capacidade de legitimar com suficiente agilidade e eficácia as jogadas dos líderes políticos, "práticos", dos grupos conservadores a que estavam ligados. Essa contradição interna do pensamento da direita tornava para ela extremamente problemática a coordenação do seu trabalho de resolução de problemas teóricos com o seu trabalho de resolução de problemas práticos. Os ideólogos especulativamente melhor aparelhados da direita (como Schopenhauer, Nietzsche, Bergson) não assumiam funções significativas na direção de organizações conservadoras especificamente políticas. E os dirigentes políticos efetivos da direita não mostravam nenhum talento especulativo, em suas tentativas de teorização. (Basta-nos lembrar a unidade de teoria e prática em Marx, Engels e Lenin para termos ideia de como a situação da direita contrastava com a da esquerda).

O fascismo representou, na história contemporânea da direita, uma enérgica tentativa no sentido de superar a situação altamente insatisfatória que a contradição de que vínhamos falando tinha criado para as forças conservadoras mais resolutas. Enfrentando o problema das tensões que se haviam criado no âmbito da direita entre a teoria e a prática, o fascismo adotou a solução do *pragmatismo radical, servindo-se de uma teoria que legitimava a emasculação da teoria em geral*.[2]

---

[2] "A ação enterrou a filosofia", dizia o *Duce*: *L'azione ha seppellito la filosofia* (*Opera Omnia*, vol. XVIII, p. 465).

IV

Para elaborar suas concepções, o fascismo foi – pragmaticamente – buscar ideias no campo do inimigo. Numa direita apavorada com a revolução proletária, era natural o impulso de macaqueá-la, "assimilando-a" desfigurada para tentar neutralizá-la. Os conservadores se puseram, então, a ler Marx, a estudar o socialismo. Alguns desertores do movimento socialista vieram ajudá-los na tarefa de saquear o arsenal ideológico do marxismo. A essência do pensamento de Marx era naturalmente incompatível com os interesses vitais das classes conservadoras, mas a direita não estava iludida a esse respeito e não tinha a menor intenção de se converter ao marxismo: o que ela queria era "importar" do marxismo *alguns conceitos*, desligando-os do contexto em que tinham sido elaborados, mistificando-os e tornando-os úteis aos seus propósitos.

Coube ao fascismo italiano empreender, pioneiramente, o assalto. Mussolini, ex-agitador do Partido Socialista, que em 1910 dirigia uma publicação intitulada *Lotta di classe* (em Forli), passou-se com armas e bagagens para o lado da burguesia e se incumbiu de vender-lhe a *sua* interpretação da teoria da luta de classes.

Segundo essa nova interpretação, Marx havia descrito com vigor uma dimensão *real* da história, um fato essencial da evolução das sociedades (fato que, aliás, conforme ele mesmo reconhecera, Marx não fora o primeiro a observar). Havia, porém, no filósofo alemão, uma certa ingenuidade que Mussolini julgava ter superado: Marx acreditava que, na fase atual da sua história, a humanidade estava preparada para, através da ação revolucionária do proletariado, pôr fim à luta de classes e criar o comunismo. Mussolini encarava a luta de classes como um aspecto permanente da existência humana, uma realidade trágica insuperável: o que se precisava fazer era discipliná-la, e o único agente possível dessa ação disciplinadora teria de ser uma elite de novo tipo, enérgica e disposta a tudo.

Além disso, Mussolini achava que Marx se tinha fixado exageradamente no confronto do proletariado com a burguesia e tinha deixado de lado um aspecto da luta de classes que era ainda mais importante que o outro: a luta entre as nações proletárias e as nações capitalistas. (A burguesia italiana, que tinha chegado tarde à partilha do mundo pelas potências imperialistas, não podia deixar de ver com simpatia esse "desenvolvimento" da teoria da luta de classes, que legitimava as reivindicações imperialistas que ela – como representante da Itália-proletária – apresentava aos ingleses e franceses.)

Ainda mais significativa que a interpretação fascista da luta de classes, porém, foi a interpretação fascista de outro conceito de Marx: o conceito de *ideologia*.

Marx havia formulado o princípio da *unidade da teoria e da prática* e havia sustentado que toda produção cultural, todo pensamento significativo, nasce, vive e morre (ou se transforma) em visceral *ligação* com as condições materiais de vida dos seres humanos que a elaboraram, numa *ligação essencial* com as condições sociais do mundo determinado em que essa cultura "brotou".

Marx mostrou que qualquer tentativa no sentido de analisar uma teoria fazendo abstração de seu *uso social* só podia encerrar uma mistificação. Mas nunca lhe passou pela cabeça *reduzir* o patrimônio de verdades dos seres humanos a uma função episódica, circunstancial, a uma *instrumentalização estreita*, ao uso imediato de um momento fugaz. Marx sabia que a dimensão da *mudança* só pode ser pensada concretamente se não perdermos de vista os problemas relativos à *continuidade* da história. Marx não era Heráclito de Éfeso, que não acreditava na possibilidade de um homem tomar banho duas vezes no mesmo rio, não absolutizava de maneira unilateral e abstrata a transformação constante a que todos nós estamos sujeitos. Quando, na sua *Introdução geral à crítica da Economia Política*, falou da arte grega clássica, não deixou de chamar a atenção para o fato de que era mais fácil explicar *em que* Homero e Ésquilo exprimiam a sociedade grega de seu tempo do que explicar *por que* as obras que deixaram superaram as barreiras da geografia e da cronologia e continuaram a ser fonte de prazer estético e lição viva para nós, ainda hoje. Reconhecendo a *capacidade de persistência* de certos valores, Marx não se afastou da história: apenas demonstrou claramente que não a concebia de maneira estreita, relativista, amputando-a da sua dimensão de continuidade.

Mussolini, entretanto, transformou a teoria marxista da *unidade da teoria e da prática numa identidade de teoria e prática*. A teoria perdeu sua capacidade de "criticar" a prática: cortaram-lhe as asas, ela deixou de poder se elevar acima do solo onde surgia e se viu completamente *instrumentalizada*. Em lugar de se reconhecerem *socialmente condicionadas* (como em Marx), as verdades passaram a *morrer*, sistematicamente, *pregadas na cruz da utilidade circunstancial que o cinismo dos fascistas encontrava para elas*.[3]

---

[3] Cf. Mussolini: "Se la verità è incrinata, è invecchiata, è superata, noi non ci attachiamo a questa verità come le ostriche allo scoglio, ma la gettiamo perché è diventata un impaccio al nostro cammino e al nostro progredire" (*Opera Omnia*, XVI, p. 174). E mais adiante: "Noi ci permettiamo il lusso di essere aristocratici e democratici, conservatori o progressisti, reazionari e rivoluzionari, legalitari e illegalitaria, a seconda delle circostanze di tempo, di luogo, di ambiente" (*Opera Omnia*, XVI, p. 212).

V

Mas o empenho político pragmático e radical do fascismo na luta contra a revolução exclui um *relativismo absoluto*. O relativismo é incapaz de armar os homens para o combate, ele impede a formação de bases suficientemente sólidas para as convicções apaixonadas que devem mover ao *engajamento*. Mussolini compreendia que o fascismo se beneficiaria da mais extrema flexibilidade ideológica e definia o fascismo como "um movimento super-relativista" (*Opera Omnia*, vol. XVII, p. 268), porém não lhe escapava também a necessidade de indicar aos seus liderados *uma direção clara e permanente* para a canalização das energias deles. "*Negare il bolscevismo è necessario*", dizia o *Duce*, e completava: "*ma bisogna affermare qualche cosa*" (*Opera Omnia*, vol. XIII, p. 29). Era imprescindível um princípio sagrado, posto acima de qualquer discussão, imune a qualquer dúvida, capaz de funcionar como bússola quando o barco tivesse de manobrar em meio à tempestade, um valor supremo que nunca se degradasse e pudesse alimentar incessantemente a chama da fé no coração dos combatentes.

Mussolini percebeu logo no começo da guerra de 1914-1918 qual poderia ser esse valor supremo, esse *mito:* a pátria. Ele próprio o diz, com sua franqueza habitual: "Criamos o nosso mito. O mito é uma fé, é uma paixão. Não é preciso que seja uma realidade. [...] O nosso mito é a nação, o nosso mito é a grandeza da nação! (*Noi abbiamo creato il nostro mito. Il mito è una fede, è una passione. Non è necessario che sia una realità. [...] Il nostro mito è la nazione, il nostro mito è la grandezza della nazione!*) [*Opera Omnia*, vol. XVIII, p. 457]. A nação italiana era, evidentemente, uma realidade: uma realidade complexa, uma sociedade marcada por conflitos internos profundos, dividida em classes sociais cujos interesses vitais se chocavam com violência. Mussolini *fez dela um mito*, atribuindo-lhe uma *unidade fictícia, idealizada*. Aproveitando uma ideia do nacionalista de direita Enrico Corradini, apresentou a Itália como uma "nação proletária", explorada por outras nações, e acusou seus ex-companheiros socialistas de utilizarem o proletariado italiano para, com suas reivindicações, enfraquecerem internamente o país em proveito dos inimigos que a Itália tinha no exterior.

Para Mussolini, as contradições da Itália, agravadas pela guerra e pela crise do imediato pós-guerra, se resumiam numa única luta entre a nação e a antinação (*lotta fra la nazione e l'antinazione*) [*Opera Omnia*, vol. XIV, p. 172]. Processava-se uma absorção do *social* pelo *nacional*. A fórmula veio a se tornar um dos princípios básicos do fascismo e logo adquiriu notável influência em escala internacional. Hitler adotou-a e radicalizou-a, sustentando, já em 1922, que "nacional" e "social" eram conceitos idênticos (*'National' un 'Sozial' sind zwei identische Begriffe*).[4]

Assim como Mussolini utilizou a concepção da "Itália proletária" de Corradini, Hitler se apoiou nos escritos de um nacionalista de direita, Arthur Moeller van den Bruck, que, num livro publicado em 1923, *O Terceiro Reich* (livro que mais tarde viria a dar seu nome ao regime hitleriano), advertia a opinião pública de seu país para o fato de que as outras nações europeias, vencedoras da guerra de

---

[4] *Sozialismus, wie ihn der Fuehrer sieht*, F. Menstre, ed. Heerschild, Munchen, 1935, p. 26.

1914-1918, estavam proletarizando a Alemanha. "Estamos nos tornando uma nação proletarizada", dizia ele.[5] O sentido social conservador dessa ideia era claro: tanto na Alemanha quanto na Itália, os trabalhadores eram convidados a ver em seus compatriotas capitalistas não os beneficiários de um sistema social baseado na exploração interna, mas sim *colegas proletarizados (ou em vias de proletarização), vítimas de um sistema de exploração internacional.*

---

[5] *Wir sind auf dem Wege, eine proletarisierte Nation zu werden* (Moeller van den Bruck, *Das Dritte Reich,* p. 158).

VI

O recurso fascista ao *mito* da nação só pôde ser eficaz porque, em sua evolução, o capitalismo havia ingressado em sua fase *imperialista*: nos países capitalistas mais adiantados, o capital bancário havia se fundido com o capital industrial, constituindo o *capital financeiro*; as condições criadas nesses países exigiram deles a *exportação sistemática de capitais*; acentuou-se a *competição em torno da exploração colonialista;* e, no bojo da guerra interimperialista de 1914-1918, difundiram-se em alguns países acentuados *ressentimentos nacionais*, análogos, à primeira vista, às mágoas dos povos explorados.

Havia, porém, uma diferença essencial entre os ressentimentos nacionais cuja difusão as classes dominantes patrocinaram na Itália e na Alemanha (e, em outros termos, também no Japão) e a autêntica *revolta nacionalista* dos povos submetidos à exploração colonial. *O nacionalismo dos povos efetivamente oprimidos e explorados é tendencialmente democrático e se fortalece através da mobilização popular feita "de baixo para cima".* Ele nasce de um movimento cujas raízes se acham nas condições reais da nação e por isso a assume em toda a sua complexidade, em sua contraditoriedade interna, não precisa renegá-la e substituí-la por um *mito*. O pretenso "nacionalismo" fascista, ao contrário, por seu conteúdo de classe e pelas condições em que é posto em prática, *exige a manipulação das massas populares*, limita brutalmente a sua participação ativa na luta política em que são utilizadas, impondo-lhes diretivas substancialmente imutáveis "de cima para baixo".

Na prática, a demagogia fascista assume frequentemente formas "populistas", lisonjeando o "povo", prestando-lhe todas as homenagens e contrapondo-o à "massa" (que representa apenas o peso morto da "quantidade"). Mas esse "populismo" pressupõe um "povo" tão *mítico* como a "nação", nos quadros da ideologia fascista. E todas as vezes em que alguma tendência no interior do fascismo se mostrou mais sensível a pressões "plebeias" e procurou aprofundar certos aspectos "populistas", foi sumariamente *cortada* pelas forças que mantinham a hegemonia no movimento fascista. Basta lembrar aqui a queda de Gregor Strasser, na Alemanha, o afastamento de Farinacci, na Itália, ou a derrota de Kita Ikki, no Japão.[6]

O nacionalismo que exprime os sentimentos de um povo explorado pelo capital estrangeiro ou que exprime a revolta de um povo contra imposições de outra nação é um nacionalismo essencialmente *defensivo*: seus valores podem levá-lo a hostilizar *circunstancialmente* os estrangeiros exploradores, mas ele não se afirma em contraposição à humanidade em geral e não nega os valores das outras nações. A valorização fascista da nação, ao contrário, exatamente porque é

---

[6] Gregor Strasser, farmacêutico bávaro, tornou-se líder nazista no Norte da Alemanha e exerceu forte influência sobre Goebbels até 1926. No livro *Kampf um Deutschland,* publicado em 1932, insistia em que os nazistas eram socialistas, "inimigos mortais do sistema econômico capitalista". Hitler mandou matá-lo em 30 de junho de 1934.
Roberto Farinacci, líder do fascismo em Cremona, expoente da "linha dura", assumiu a secretaria-geral do Partido Nacional Fascista para liquidar a oposição antifascista, mas não aceitou as manobras de composição de Mussolini com a Igreja e foi derrubado do cargo em 30 de março de 1927. (Ressurgiu, mais tarde, a serviço da política de Hitler).
Kita Ikki, profundamente impressionado pelo movimento revolucionário chinês de Sun Yat Sen, lançou as bases de um movimento de libertação da raça amarela em luta contra a raça branca, num livro publicado em 1919 (*Esboço de programa para a reforma do Japão*), onde o fascismo assumia tons anti-imperialistas. Em 1937, tentou um *putsch* que fracassou e foi fuzilado.

inevitavelmente *retórica*, precisa ser *agressiva*, precisa recorrer a uma ênfase feroz para disfarçar o seu vazio e tende a menoscabar os valores das outras nações e da humanidade em geral. Isso se verifica, por exemplo, numa frase do *Discurso a las juventudes de España* (1935), em que o fascista espanhol Ramiro Ledesma proclama: "*Nos importan más los españoles que los hombres*" (p. 52). No caso dos fascistas alemães, o fenômeno ainda se mostra com maior clareza, por causa da ideologia *racista*, que veio a fortalecer imensamente o *chauvinismo*.[7]

---

[7] As proporções assumidas pelo racismo e pelo antissemitismo no caso do fascismo alemão contribuem para que alguns autores – como Leon Poliakov e Josef Wulf, por exemplo – percam de vista o fato de que na ideologia fascista é o chauvinismo que é essencial, e não o racismo. Pode existir um fascismo que não seja racista, mas não pode existir fascismo que não seja chauvinista.

VII

Apesar de sua fragilidade intrínseca, o mito fascista da nação mostrou-se eficiente: brandindo-o exaltadamente, o fascismo conseguiu recrutar adeptos em todas as classes sociais (inclusive nas classes que nada teriam a lucrar com a sua política). As razões para essa eficácia derivam de um conjunto de circunstâncias. No plano cultural, a direita havia preparado terreno para o avanço do fascismo através de um bombardeio constante e prolongado, que destruía não só os princípios do *liberalismo* como, sobretudo, as *convicções democráticas* e a *confiança nas massas populares*, que poderiam constituir a única base suficientemente sólida para a oposição consequente à expansão das tendências fascistas. Em certos círculos intelectuais, ostentava-se acentuado desprezo pela "plebe", pelas "moscas da praça pública", como dizia Nietzsche. E essa difusão de preconceitos aristocráticos influiu sobre algumas forças potencialmente progressistas, levando-as a subestimar na prática a necessidade do *trabalho político com as massas* (Deficientemente preparadas no plano ideológico, deficientemente organizadas, inseguras e confusas, e submetidas a uma pressão que as desagregava internamente, as massas passaram a encontrar crescentes dificuldades para seguir os caminhos das soluções *coletivas;* suas energias começaram a se dispersar pelos múltiplos caminhos – socialmente ilusórios – das "soluções" individuais).

Nos planos econômico, social e político, por outro lado, haviam amadurecido tendências destinadas a desempenhar um papel ainda mais importante que o da preparação cultural para a expansão do fascismo. O capitalismo, como sistema, jogara os homens *uns contra os outros*, numa competição desenfreada onde só uma coisa podia contar: o lucro privado. Desenvolveram-se enormes metrópoles capitalistas, povoadas por multidões de indivíduos solitários, amedrontados, cheios de desconfiança. As condições técnicas da produção industrial *aproximavam* os seres humanos, *socializavam* a vida deles, mas as condições *privadas, exacerbadamente competitivas*, criadas pelo capitalismo para a apropriação da riqueza produzida *afastavam-nos* uns dos outros. Vítimas da tendência desagregadora que se fortalecia no interior da vida social, reduzidos a uma solidão angustiante, os indivíduos – reconhecendo sua fragilidade – ansiavam por se integrar em *comunidades* capazes de *prolongá-los*, de *completá-los*. O socialismo, apoiado sobre a massa do proletariado industrial, que o próprio capitalismo precisara concentrar em suas fábricas, representava uma perspectiva de *atendimento a essa exigência*, propondo uma reorganização prática da vida social, uma superação revolucionária das relações capitalistas de produção: por isso, o seu apelo e a sua mensagem encontraram eco nas massas populares *em geral*, além das fronteiras da classe operária em sentido estrito. Mas o socialismo, desenvolvendo-se num meio hostil e sob a poderosa pressão de seus inimigos, não podia permanecer imune à influência da ideologia dominante, isto é, à ideologia das classes dominantes: o amadurecimento das contradições da nova fase em que o capitalismo ingressara – a fase imperialista – acabou por se manifestar numa guerra interimperialista (a guerra de 1914-1918) e o movimento socialista, que já estava em crise, acabou por se cindir. E foi precisamente no auge da crise do movimento socialista, quando a cisão tumultuava no espírito de muitos a compreensão do seu sentido, que o fascismo passou a se empenhar a fundo na apresentação do seu *mito da nação como algo capaz de satisfazer* às *exigências de vida comunitária,* que os indivíduos, no quadro da sociedade capitalista, são levados a experimentar de maneira intensa porém frequentemente confusa.

A classe operária foi, evidentemente, menos envolvida pela demagogia "nacionalisteira" dos fascistas do que a pequena burguesia e as chamadas *camadas médias* da população. Mas mesmo alguns trabalhadores chegaram a se entusiasmar com a ideia de pertencerem à "comunidade popular" (*Volksgemeinschaft*) dos alemães, à superior "raça ariana"; ou então – na Itália de Mussolini – chegaram a se entusiasmar com a ideia de serem os herdeiros do antigo império romano, de César e de Augusto, e de ajudarem a relançar as bases da grandeza italiana no mundo, partindo do conceito religioso da "italianidade" (Mussolini: *"gettare le basi della grandezza italiana nel mondo, partendo del concetto religioso dell'italianità", Opera Omnia,* vol. XVI, p. 45).

Na Itália e na Alemanha, países que só realizaram a unificação nacional na segunda metade do século 19, o chauvinismo fascista assumiu tons particularmente histéricos e monstruosos; mas a verdade é que o uso do mito da nação como *sucedâneo da autêntica comunidade humana* pela qual as pessoas anseiam é uma característica *essencial* do fascismo e se manifesta em todos os movimentos desse tipo, independentemente dos países em que se realizam e independentemente das formas particulares que assumem (seja no *Dai Nihon kokusuikai,* isto é, na "Sociedade da Tradição Nacional Japonesa", com que o ministro Tokonami Takejiro tentou dividir os trabalhadores nipônicos em 1919, seja na "democracia orgânica" de Salazar ou no comparativo de superioridade da "Greater Britain" do fascista inglês Oswald Mosley).

Aliás, já que mencionamos os aspectos mais "monstruosos" que a demagogia fascista assumiu, ao servir-se do mito da nação, na Itália e na Alemanha, convém alertar os leitores para o erro em que incorrem alguns estudiosos do fascismo hitleriano e do fascismo mussoliniano: eles ficam tão (compreensivelmente) impressionados com a "monstruosidade" do fenômeno que acabam por renunciar à tarefa de esclarecer *por que* ele chegou a ocorrer. Para esclarecer a eficácia do chauvinismo fascista, convém lembrar que ele conseguiu, às vezes, tirar proveito de críticas bastante bem fundamentadas aos imperialismos rivais. Durante a guerra com os ingleses, em 1940, Hitler lembrou, por exemplo, que a Inglaterra, com 46 milhões de habitantes, havia subjugado 480 milhões de habitantes de outros países e conquistado territórios que, somados, chegavam a ter 40 milhões de km^2. E acusou: "A história da Inglaterra é uma sequência de violações, de chantagens, de atos de prepotência, de opressão e de exploração de outros povos" (Discurso de 30/1/1940, em *Der Grossdeutsche Freiheitskampf*).

VIII

Outra circunstância que não pode ser esquecida no exame das causas que permitiram os êxitos do fascismo nos anos de 1920 e 1930: o fascismo foi o primeiro movimento conservador que, com seu pragmatismo radical, serviu-se de métodos modernos de propaganda, sistematicamente, explorando as possibilidades que começavam a ser criadas por aquilo que viria a ser chamado de *sociedade de massas de consumo dirigido*.

No bojo das transformações que lhe eram impostas pelas condições do imperialismo, o sistema capitalista, impelido a expandir-se, deixou de controlar apenas a produção e começou a estender seu controle também ao consumo, promovendo investimentos cada vez mais substanciais na *propaganda* dos produtos, para influenciar *a conduta do consumidor*. O fascismo percebeu, agilmente, que esse crescente investimento na propaganda, servindo-se de novas técnicas e de novos meios de comunicação, abria também novas possibilidades para a ação política, e tratou de aproveitá-las. No lugar da imagem dos políticos conservadores tradicionais, com seus fraques e cartolas, muitas vezes apoiando em bengalas seus vultos pálidos e senis, difundiu-se pela Itália inteira a imagem de um *Duce* cheio de vitalidade, viajando frequentemente de avião e ditando por telefone os artigos diários destinados aos leitores do seu jornal. No lugar da polida oratória parlamentar, impôs-se o discurso enérgico, de *agitação*,[8] pronunciado ao vivo em múltiplos comícios ou então ressoando por todo o país, graças ao uso sistemático (pioneiro) do rádio. (Hitler cuidou inclusive de promover o fabrico barato de uma grande quantidade de aparelhos de rádio padronizados – os "rádios do povo" – para que todas as famílias da "comunidade popular" alemã pudessem ouvir em casa, em condições de "igualdade", a voz do *Fuehrer*).

A principal vantagem dessa "imagem", difundida com eficiência em escala massiva, é que ela *disfarçava o conteúdo social conservador* do fascismo e fixava a atenção da massa no "estilo novo", "dinâmico", nas potencialidades "modernizadoras" do movimento fascista. O movimento foi caracterizado por Goebbels como "tão moderno que o mundo inicialmente não pôde entendê-lo" (*Der Faschismus und seine praktischen Ergebnisse,* Berlim, 1934. No original: *so modern, dass die Welt es nicht begreifen konnte*).

---

[8] Por ter pragmaticamente renunciado a empenhar-se nas formas necessariamente complexas da elaboração teórica, doutrinária, o fascismo, concentrando-se nas formas simples da agitação, levou vantagem sobre as demais forças representativas da direita e explorou com maior proveito que elas as possibilidades oferecidas pelo rádio.

IX

Os imponentes investimentos dos fascistas no setor da propaganda nos impõem a pergunta: de onde provinham os fundos que eram investidos? Uma primeira resposta, óbvia, que nos ocorre imediatamente, é a de que o dinheiro só podia ser fornecido por aqueles que o tinham. Mas é preciso tentar esclarecer *quais* os setores que financiaram o fascismo.

Normalmente, esse esclarecimento apresenta grandes dificuldades. Por sua própria natureza, esse tipo de fornecimento de dinheiro evita deixar-se documentar. Mas os historiadores conseguiram apurar numerosos casos de grande significação. Sabe-se hoje, por exemplo, que, no momento em que Mussolini estava bastante deprimido com a derrota eleitoral que os fascistas italianos sofreram em novembro de 1919, ele recebeu substancial apoio financeiro de alguns grandes industriais, entre os quais Max Bondi, do grupo Ilva, que era o principal grupo siderúrgico da Itália.[9] Sabe-se, também, que, durante a crise que se seguiu ao assassinato do deputado socialista Giacomo Matteotti em 10 de junho de 1924, o grande capital poderia ter retirado seu apoio ao *Duce* e este teria

---

[9] Cf. Renzo De Felice, *Mussolini il Rivoluzionario,* ed. Einaudi, Torino, 1965. E também Valerio Castronovo, "Il Potere economico e il fascismo", em *Fascismo e Società Italiana,* Quazza e outros, ed. Einaudi, Torino, 1973.

caído, realizando-se a passagem do poder, sem grandes riscos, para uma coalizão de políticos liberais-conservadores recrutados entre os oposicionistas que abandonaram o Parlamento e foram reunir-se sobre uma das colinas de Roma, no Aventino. Mas o grande capital continuou a preferir a ditadura de Mussolini a um governo centrista comandado, digamos, por Giovanni Amendola.

No caso da Alemanha, sabe-se, ainda, de coisas mais sérias. Sabe-se que, em 26 de janeiro de 1932, Hitler fez no Clube da Indústria de Dusseldorf um discurso no qual antecipava seu programa econômico de governo e seu discurso foi calorosamente aplaudido por várias dezenas de grandes industriais e grandes banqueiros. Num artigo publicado no *Preussische Zeitung*, em 3/1/1937, Emil Kirdorf, proprietário principal da empresa que explorava as minas de Gelsenkirchen, conta como, desde 1927, ele se empenhava em ampliar e aprofundar os contatos entre o *Fuehrer* e os representantes do capital financeiro. Entre estes, ao lado de Fritz Thyssen (que se orgulhava de financiar Hitler desde 1923), havia muitos que em 1931 já contribuíam com regularidade para o Partido Nacional--Socialista, como Fritz Springorum, da Hoesch (indústria química), Albert Vögler, Ernst Poensgen e Ernst Brandi (das Empresas Unidas do Aço, Vereinigte Stahlwerke), Wilhelm Keppler, Rudolf Bingel (Siemens & Halske), Emil Meyer (Dresdner Bank), Friedrich Heinhardt (Commerz und Privatbank), Kurt von Schroeder (Bankhaus Stein) e diversos outros. Os autos do "Processo contra os principais criminosos de guerra perante o Tribunal Militar Internacional de Nuremberg (de 14 de novembro de 1945 a 1º de outubro de 1946)" estão cheios de depoimentos e documentos de vários tipos, que comprovam abundantemente a *íntima vinculação do nazismo com o capital financeiro*. No volume 35, à página 70, catalogado com o título de "Documento D-317", encontra-se um texto em que o magnata Krupp explica que, quando Hitler desencadeou a guerra, "os empresários alemães empreenderam de todo coração a caminhada pelo novo curso; que eles, com a melhor disposição e conscientemente agradecidos, compreenderam e adotaram como suas as grandes intenções do *Fuehrer*, reafirmando-se como fiéis seguidores dele".

Outros textos, não menos eloquentes, mostram que, sem o apaixonado empenho da direção da IG-Farben no fabrico de borracha sintética e de produtos de magnésio, teria sido impossível a Hitler lançar-se à guerra.[10]

Mas há ainda um outro nível – mais abstrato – de vinculação do fascismo com os interesses básicos do capital financeiro. A guerra de 1914-1918 manifestou com clareza as profundas contradições existentes no mundo criado pelo capitalismo em sua fase imperialista. Pela concentração de poder econômico realizada em suas mãos, o capital financeiro foi levado a assumir a liderança na luta pela *conservação* (e correspondente *atualização*) *do sistema*. Para o capital financeiro, entretanto, o sistema só poderia ser salvo por meio de *reformas* que suprimissem certos estorvos, remanescentes da fase da "livre competição", *acentuassem a concentração do capital* (uma forma de "racionalização" da economia) e *aprofundassem a interdependência entre os monopólios e um "Estado forte"*.[11] Antes da crise mundial do capitalismo em 1929, esse programa ainda encontrou dificuldades para se traduzir em formas claras. Mussolini, durante os anos de 1920, ainda hesitava quanto aos modos de concretizá-lo, insistindo demais no fato de que o Estado deveria ser *politicamente forte*, mas deveria *esquivar-se a toda e qualquer intervenção na esfera econômica*. Mais tarde, o *Duce* evoluiu no sentido de aceitar a intervenção do Estado na esfera econômica. Com Hitler, contudo, já não houve hesitação: subindo ao poder após a crise de 1929, o *Fuehrer* já assumiu seu

---

[10] Cf. Dieter Halfmann, *Der Anteil der Industrie und Banken an der faschistischen Innenpolitik*, Pahl-Rugenstein, Colônia, 1974. Cf. também Eberard Czichon, *Wer verhalf Hitler zur Macht?*, Pahl-Rugenstein, Colônia, 1967.
[11] Convém frisar o termo interdependência. No capitalismo monopolista de Estado, o Estado depende do apoio dos monopólios, os monopólios dependem do apoio do Estado, mas não se processa uma fusão do Estado com os monopólios.

posto de comando com uma clara visão das tarefas que o Estado teria fatalmente que assumir nas condições de implantação do *capitalismo monopolista de Estado*.

X

Em face do que já foi dito, podemos então formular uma primeira tentativa de conceituação do fascismo. Repetimos a pergunta com que iniciamos nossas considerações: o que é o fascismo?

E respondemos: o fascismo é uma tendência que surge na fase imperialista do capitalismo, que procura se fortalecer nas condições de implantação do capitalismo monopolista de Estado, exprimindo-se através de uma política favorável à crescente concentração do capital; é um movimento político de conteúdo social conservador, que se disfarça sob uma máscara "modernizadora", guiado pela ideologia de um pragmatismo radical, servindo-se de mitos irracionalistas e conciliando-os com procedimentos racionalistas-formais de tipo manipulatório. O fascismo é um movimento chauvinista, antiliberal, antidemocrático, antissocialista, antioperário. Seu crescimento num país pressupõe condições históricas especiais, pressupõe uma preparação reacionária que tenha sido capaz de minar as bases das forças potencialmente antifascistas (enfraquecendo-lhes a influência junto às massas); e pressupõe também as condições da chamada sociedade de massas de consumo dirigido, bem como a existência nele de um certo nível de fusão do capital bancário com o capital industrial, isto é, a existência do capital financeiro.

COMO O FASCISMO "CLÁSSICO" FOI INTERPRETADO NA SUA ÉPOCA

Abbiamo il culto della verità ("Temos o culto da verdade").
Benito Mussolini, *Opera Omnia*, vol. XXXI, p. 123.

Man kann nicht so viel fressen, wie man kotzen möchte ("Por mais que a gente coma, não dá pra vomitar tanto quanto gostaria").
Max Liebermann, famoso pintor alemão, falecido em 1953, sobre a ascensão de Hitler ao poder.

I

Uma primeira caracterização do fascismo não pode deixar, entretanto, de permanecer demasiado abstrata. Para que o conceito venha a se tornar mais concreto, precisamos nos reportar à história do fenômeno a que ele se refere. Vamos nos propor, então, a responder a duas perguntas: 1. Como surgiu o fascismo? 2. Como foi interpretado ao longo do processo em que foi amadurecendo? O tema das origens do fascismo é excepcionalmente amplo. Alguns autores vão buscar precursores do movimento fascista e da sua ideologia no Renascimento (em Maquiavel!), outros na Idade Média e outros até na Antiguidade (Karl Popper chega a incriminar Platão!).

Renunciando a essas genealogias que nos levam longe demais e são pouco compensadoras para o esclarecimento da natureza do fascismo, como fenômeno especificamente moderno, nos limitaremos a endossar aqui o ponto de vista de Lukács, segundo o qual o fascismo aproveitou elementos das mais variadas linhas de pensamento reacionárias, reunindo-os de maneira eclética e em função de um uso muito claramente pragmático (cf. *Die Zerstorung der Vernunft*).

Exatamente por seu espírito radicalmente pragmático, o fascismo nunca se empenhou seriamente em desenvolver com rigor e coerência *uma* determinada linha de reflexão filosófica. Todos os pensadores do século 19 a que se poderia atribuir a paternidade do monstro teriam, por isso, bons argumentos para negá-la. Mas a pouca seriedade teórica dos fascistas não significa que não tenham antepassados no plano intelectual: em diferentes níveis e de diferentes modos, eles buscaram e *encontraram* armas ideológicas em algumas figuras ilustres da cultura oitocentista e novecentista, e seria inútil (e suspeito) tentar negar todo e qualquer comprometimento no crime por parte de tais figuras.

O fascismo italiano de Mussolini extraiu de Sorel muitos aspectos de sua concepção da violência, muito do seu entusiasmo pelos "remédios heroicos"; extraiu de Nietzsche sua ética aristocrática, seu culto do "super-homem". O fascismo alemão de Hitler também aproveitou algo de Nietzsche e se apoiou decisivamente nas ideias racistas de Eugen Dühring (aquele professor cego de Berlim contra quem Friedrich Engels polemizou), de Paul Bötticher e sobretudo de Houston Stewart Chamberlain. Na França, o fascismo de Charles Maurras e Leon Daudet foi precedido pelo racismo de Arthur de Gobineau (o amigo do imperador Pedro II), de Vacher de Lapouge e de Gustave Le Bon, além de ter encontrado importantes pontos de apoio nos escritos de Joseph de Maistre, de René de La Tour du Pin e de Maurice Barrès. De maneira geral, todo o pensamento de direita que, ao longo do século 19, se empenhou na "demonização" da esquerda, desempenhou um papel significativo na preparação das condições em que o fascismo pôde, mais tarde, irromper.[12] A "demonização" do adversário facilitaria à direita fascistizante libertar-se em face dele de alguns escrúpulos mantidos pela postura "aristocrática" do conservadorismo tradicional: quem não é *implacável* na luta direta contra Satanás torna-se pecador infame e perde sua alma.

---

[12] Antes de se empenhar na "demonização" do socialismo, a direita se empenhou em "demonizar" a Revolução Francesa de 1789. Joseph de Maistre, por exemplo, via nela um *caractère satanique* (*Considérations sur la France*, capítulo V).

Não é casual, aliás, que o primeiro movimento político fascista significativo (que não surgiu na Itália e nem na Alemanha, e sim na França, conforme observação do alemão Ernst Nolte[13]), a *Action Française*, tenha manifestado um *pathos* tão fanaticamente religioso. À liderança da *Action Française*, porém, ainda faltava a coerência política radical de que dariam prova, pouco depois, Mussolini e Hitler. Maurras se mantinha numa atitude demasiado professoral, faltavam-lhe agilidade e energia para baixar palavras de ordem oportunas e fazê-las serem imediatamente cumpridas nas horas cruciais do combate (E isso ficou patente durante a crise política de 1934, quando a direita e a esquerda se chocaram nas ruas de Paris, e ele ficou indeciso e se omitiu.) Léon Daudet era um agitador inconsequente, não tinha, por sua vez, condições para suprir essa deficiência de Maurras. Por isso, o fascismo francês – pioneiro – permaneceu "imperfeito", *desunido*. Mesmo durante a ocupação da França pelas tropas de Hitler, persistiam diversas "constelações" políticas de tipo mais ou menos fascista, gravitando em torno de homens como o ex-dirigente socialista Marcel Déat, o ex-dirigente comunista Jacques Doriot, Marcel Bucard (líder dos *francistas*), Pierre Constantini, Fernand de Brinon.[14]

As condições de *desunião interna*, que o fascismo francês nunca chegou a superar, diminuem a significação do seu pioneirismo.

---

[13] *Der Faschismus in seiner Epoche*, vol. 1.

[14] O movimento fascista liderado por Maurras procurou se dinamizar a partir de 1908, quando a *Action Française* passou a ser publicada como diário. Na segunda metade dos anos de 1920, chegou a vender quase 100 mil exemplares, embora concorrendo com outras publicações de extrema direita, como *Candide, Gringoire, La Victoire* e, um pouco depois, *Je suis partout*. Em 1924, um grupo liderado por Georges Valois rompeu com a *Action Française* e se organizou em moldes mais ortodoxamente fascistas, sob a influência de Mussolini; mas, em 1928, corroída por cisões internas, a nova organização se dissolveu. Na primeira metade dos anos de 1930, destacou-se outra organização de tipo fascista – a dos *Croix de Feu*, chefiada pelo coronel La Rocque – que chegou a ter 700 mil adeptos. Os fascistas franceses tinham um quadro de opções excessivamente rico.

Por essa razão, para tratar da questão do aparecimento do fascismo em escala histórico-mundial, precisamos mesmo é de fixar a nossa atenção na Itália e em Mussolini.

II

O termo *fascismo*, lançado por Mussolini, vem de *fascio,* que significa *feixe.* Na Roma antiga, no tempo dos césares, os magistrados eram precedidos por funcionários – os *littori* – que empunhavam machados cujos cabos compridos eram reforçados por muitas varas fortemente atadas em torno da haste central. Os machados simbolizavam o poder do Estado de *decapitar* os inimigos da ordem pública. E as varas amarradas em redor do cabo constituíam um *feixe* que representava a unidade do povo em torno da sua liderança.

No século 19, o termo *fascio* foi adotado por *uniões* ou organizações populares, formadas na luta em defesa dos interesses de determinadas comunidades. Na Sicília, de 1891 a 1894, constituíram-se, por exemplo, vários *fasci* de camponeses, em geral liderados por socialistas, para reivindicar melhores contratos agrários.

Quando se iniciou a Primeira Guerra Mundial, em 1914, formaram-se em vários lugares da Itália *fasci* "patrióticos", preconizando a entrada do país no conflito. Mussolini, que tinha feito carreira no Partido Socialista defendendo uma posição resolutamente *de esquerda* (e tinha exigido a expulsão do partido de Leonida Bissolati por *desvio de direita*); Mussolini, que tinha se tornado diretor do jornal do partido (o *Avanti!*); Mussolini ficou impressionado com o surgimento desses novos *fasci.* O Partido Socialista tomou posição contra a participação da Itália na guerra, mas Mussolini não o acompanhou: deixando a direção do *Avanti!*, fundou seu próprio jornal, o *Popolo d'Italia*, financiado por Esterle (da firma Édison), por Bruzzone (da firma Unione Zuccheri), por Agnelli (da Fiat) e por Pio Perrone (da Ansaldo), entre outros.[15] E se tornou um campeão da causa *intervencionista*.

Quando a Itália, depois de alguma hesitação, entrou finalmente na guerra, Mussolini se alistou e, em combate com as tropas da Alemanha e do Império Austro-Húngaro, deu mostras de coragem militar e veio a ser ferido. Terminado o conflito, já recuperado, percebeu o imenso potencial político constituído pela massa dos ex-combatentes, que regressavam de uma guerra na qual a Itália tinha ficado do lado das nações vitoriosas, mas o triunfo não resolvera nenhum de seus problemas internos. A guerra tinha acentuado o processo de concentração na indústria italiana, proporcionando grandes lucros à siderurgia, à indústria automobilística, à indústria química. A Fiat decuplicara seu capital. Os grupos maiores – Ilva e Ansaldo – cresceram enormemente. O setor agrário entrou em crise, a produção agrícola baixou, os capitais se deslocavam para a indústria, em busca dos superlucros. O processo de concentração por sua vez, liquidava muitas pequenas empresas e ameaçava a pequena burguesia com a proletarização. A inflação pesava sobre a massa trabalhadora e sobre as chamadas classes médias, acentuando o descontentamento e a insegurança (De 1914 a 1920, a moeda italiana perdeu 80% de seu valor.) Acrescente-se a isso o fato de que os trabalhadores rurais e pequenos proprietários agrícolas tinham sido retirados pela própria guerra do isolamento e da marginalização secular em que se achavam em face da vida política do país, e passaram a se agitar, a protestar confusa mas apaixonadamente contra a miséria crescente que os envolvia. Os combatentes desmobilizados (600 mil italianos tinham morrido nos campos de batalha,

---

[15] Entrevista de Filippo Naldi a *Il Paese*, 12, 13, 14 de janeiro de 1960, cit. em *L'Italie de Mussolini* de Max Gallo, p. 43.

500 mil tinham sido feridos e voltavam mutilados para casa) não foram unanimemente acolhidos como heróis pela população irritada; e compreenderam logo que não ia ser fácil, para eles, reintegrarem-se na vida civil, nas condições sociais com que se depararam. Mussolini decidiu se apoiar na massa dos ex-combatentes. Até então, seu jornal, o *Popolo d'Italia*, ainda tinha o subtítulo de *"giornale socialista"*; ao terminar a guerra, o subtítulo passou a ser *"organo dei combattenti e produttori"* (órgão dos combatentes e produtores). E começou uma luta inclemente contra os grandes responsáveis pela crise italiana, contra os inimigos da vocação da Itália para a grandeza: a democracia e o socialismo. O agitado e vaidoso poeta D'Annunzio lhe fornece uma das palavras de ordem para o seu combate: a "vitória mutilada". A Itália se batera com imenso sacrifício e dedicação, conseguira afinal uma vitória heroica, mas os fracos dirigentes da liberal-democracia tinham cedido às pressões imperialistas de outros governos: em lugar de defenderem com firmeza os legítimos interesses nacionais (por exemplo, a posse de Fiume), permitiram covardemente que a vitória da Itália na guerra fosse "mutilada". Mussolini e D'Annunzio se aliam para denunciar a "traição". E o Partido Socialista Italiano, fomentando greves, observando com simpatia a revolução russa de Lenin, passa a ser sistematicamente denunciado por Mussolini como uma força antinacional, uma organização comprometida com os inimigos da Itália no confronto geral "entre a nação e a antinação" (*Opera Omnia*, vol. XIV, p. 172). Numa época em que a esquerda, dentro do Partido Socialista, já se preparava para constituir o Partido Comunista, acusando os socialistas de serem incuravelmente "reformistas" e de não terem sabido assimilar o leninismo, Mussolini escrevia: "o Partido Socialista é um exército russo acampado na Itália" (*Opera Omnia*, vol. XVI, p. 25).[16]

---

[16] Com sua linguagem jornalística moderna, irônica e agressiva, Mussolini põe no Partido Socialista, do qual era renegado, o apelido de "partidão" (*il Partitone*) (Cf. *Opera Omnia*, vol. XIV, p. 233).

Em 23 de março de 1919, em Milão, depois de ter se certificado de que sua campanha encontrava receptividade, o *Duce* funda um *fascio* de uma espécie nova: o primeiro dos *fasci di combattimento*, que em seguida passaram a proliferar pela Itália inteira.

III

Os novos *fasci di combattimento* não tinham programa: limitavam-se a vomitar impropérios pretensamente patrióticos contra os inimigos e, quando passavam à ação, praticavam aquilo que o fascista espanhol José Antonio Primo de Rivera, mais tarde, chamaria de "dialética dos punhos e dos revólveres".[17] Em 15 de abril de 1919, os *fascistas* invadiram e depredaram a redação do jornal socialista de Milão, o *Avanti!*. Mussolini se orgulhava da truculência do movimento e incentivava os seus ímpetos violentos: "a violência é imoral quando é fria e calculada – explicava ele – mas não quando é instintiva e impulsiva" (*Opera Omnia*, vol. XII, p. 7). Depois, o movimento fascista cresceu, ampliou-se, recrutou adeptos nas áreas mais variadas da população e, para manter-lhe a unidade, o *Duce* tratou de organizá-lo, esforçando-se inclusive por "canalizar" em termos políticos mais consequentes a violência, que deixa de ser "instintiva" e passa a ser calculada: "A violência fascista deve ser pensante, racional, cirúrgica" (*Opera Omnia,* vol. XVI, p. 271). A violência "cirúrgica" permitia a Mussolini manobrar com uma flexibilidade maior do que a que lhe daria a "instintiva" e lhe permitiu até mesmo fazer um acordo (que durou poucos meses) em 3 de agosto de 1921 com seus arqui-inimigos, os socialistas, para

---

[17] Discurso de fundação da Falange, em 29/10/1933.

evitar a frente única antifascista que ameaçava formar-se na época, na Itália (Mussolini o disse, claramente: "*Il risultado più tangibile della pacificazione è la rottura del fronte unico che si era venuto formando in questi ultimi tempi contro i fascisti*", Opera Omnia, vol. XVII, p. 85). Passado o risco de uma unificação de seus adversários, o *Duce* rompeu o pacto com os socialistas e voltou a atacá-los com a mesma ferocidade de antes, chamando-os de "subversivos" (*sovversivi*) [Opera Omnia, vol. XVII, pp. 273, 290, 352].

A rarefação ideológica do fascismo e a agilidade de sua liderança política provocam perplexidade em amplos círculos; a rapidez de sua expansão impressiona. O conservadorismo tradicional deixa-se fascinar por ele, salvo raras exceções. O governo de Nitti ainda se opunha aos seus avanços, mas os de Bonomi e Facta dispõem-se a fazer-lhe concessões cada vez maiores, pensando acalmá-lo, mas na verdade alimentando-o e contribuindo para que se fortalecesse. Mussolini, por seu lado, mistura habilmente a agressividade com a discrição. Às vésperas da tomada do poder, respondendo a todos os que desejam saber qual é o programa do seu movimento (já então transformado em partido), ele esclarece, singelamente: "o nosso programa é simples: queremos governar a Itália" (*il nostro programma è semplice: vogliamo governare l'Italia*) [Opera Omnia, vol. XVIII, p. 416].

IV

A esquerda, em geral, sentiu desde o começo a mais viva repulsa pelo movimento liderado por Mussolini. Mas não se empenhou a fundo em analisá-lo em seus primeiros passos, na medida em que não lhe reconhecia grande importância. Somente quando o movimento se tornou significativo e alcançou uma influência óbvia é que se colocou para os seus adversários da esquerda a tarefa de interpretá-lo e de tentar determinar com rigor suas características específicas, seus traços novos.

Os primeiros esforços analíticos deram conta da multiplicidade de aspectos que o fascismo apresentava, mas não conduziram logo, naturalmente, a uma *síntese*, a uma interpretação do movimento em sua *unidade orgânica*.

Giovanni Zibordi – que no último congresso do Partido Socialista Italiano realizado antes da guerra de 1914-1918 havia tido com Mussolini (então seu colega) uma viva discussão – registrou, por exemplo, a participação no movimento fascista, em 1922, de banqueiros, industriais, comerciantes, ex-soldados, oficiais, pequeno-burgueses, desempregados, *"declassés"* e até operários. E notou que o fascismo se adaptava, de maneira nitidamente oportunista, às condições especiais de cada região da Itália, apresentando-se ora como republicano, ora como monarquista, fazendo demagogia "obreirista" em Ferrara e desencadeando uma feroz repressão antissindical em Lomellina etc.[18] Em suas observações, Zibordi não conseguia superar a fragmentariedade e o ecletismo, porém tinha o mérito de trazer à baila o problema fundamental com que a esquerda precisaria se defrontar, ao longo dos anos, em sua luta para desenvolver uma interpretação marxista do fascismo: o problema da base social do fascismo, do seu caráter, do seu *conteúdo de classe*.

A grande maioria dos críticos via, nos primeiros tempos, o fascismo como *um fenômeno exclusivamente italiano*. Zibordi, em 1922, não conseguia superar essa limitação do horizonte estreitamente nacional. Ao longo da década de 1920 e mesmo no começo dos anos de 1930 a redução do fascismo ao âmbito da Itália era proclamada por Mussolini e tendia a ser admitida, também, pelos adversários do *Duce*. Francesco Nitti, ex-ministro liberal-conservador (que havia combatido D'Annunzio e Mussolini por ocasião da "presepada" de Trieste), foi forçado a exilar-se em 1925 e publicou em seguida no exterior um livro no qual acabava reduzindo o fascismo, em última análise, à ação diabólica de um único homem: Benito Mussolini. Como só existia um Mussolini no mundo, ficava implícito que o fenômeno fascista estava fadado a permanecer restrito à Itália. Nitti acreditava, inclusive, que o fascismo, como ele escreveu, "não só não terá imitadores, como também não durará muito".[19] Alguns anos depois, em 1930, quando o partido fascista *alemão* se tornara notavelmente forte, outro italiano antifascista – G. Donati – abandonava a tese de que o fascismo seria um fenômeno de curta duração, mas ainda insistia na sua pura "italianidade", definindo-o como "uma doença crônica da história e do caráter dos italianos".[20]

Bem cedo, porém, outros observadores – sem perder de vista as raízes nacionais do fenômeno fascista – haviam enxergado no

---

[18] "Critica socialista del fascismo", em *Il Fascismo e i partiti politici*, ed. Rodolfo Mondolfo, Bologna, 1922.
[19] *Scritti politici*, ed. por G. De Rosa, Bari, 1961, vol. II, p. 334.
[20] G. Donati, *Scritti politici*, ed. por G. Rossini, Roma, 1956, 2º vol., p. 422.

movimento dimensões mais amplas, proporções histórico-mundiais. Antonio Gramsci é, neste ponto, um pioneiro, pois já em 24 de novembro de 1920 ele escrevia no *Avanti!* "O fenômeno do 'fascismo' não é somente italiano, tal como não é somente italiana a formação do partido comunista". E, na Alemanha, em 15 de novembro de 1922, aparecia na revista *Die Internationale* (Heft 10) um artigo profético, assinado por A. Jacobsen, no qual se dizia: "A classe operária internacional, especialmente a alemã, precisa chegar a ter clareza quanto ao fundamento e às causas do fascismo – que não é absolutamente um fenômeno nacional-italiano e sim um fenômeno internacional – a fim de poder enfrentar a tempo o perigo fascista, que é um perigo crescente também na Alemanha". Ainda na Alemanha, Clara Zetkin, a veterana amiga de Rosa Luxemburg, preconizava, em 1923, uma mobilização geral de *todo* o proletariado ante o novo adversário, recomendando que se distinguisse claramente o fascismo das outras formas de repressão da direita, pois, pela amplitude de mobilização de que era capaz, o fascismo colocava a esquerda diante de tarefas mais graves e de obstáculos maiores para serem superados.[21]

---

[21] Protokoll der Konferenz der erweiterten Exekutive der K. I.

V

Qual era a classe social decisiva no desencadeamento do movimento fascista? Não era fácil encontrar uma resposta segura para essa pergunta. Mais fácil era responder a uma outra questão: qual era a classe social que proporcionava o contingente mais amplo no *apoio de massas* com que o fascismo contava? Um exame da composição de tais massas levava à conclusão de que nelas o proletariado industrial estava sub-representado e a hegemonia cabia, sem dúvida, à *pequena burguesia*.[22]

Alguns autores passaram da constatação do papel central da pequena burguesia nas massas que o fascismo lograva mobilizar à tese do *caráter pequeno-burguês do fascismo*. Na ocasião, presos a critérios sociológicos de tipo mais ou menos *positivista*, não lhes ocorreu que a massa pequeno-burguesa poderia estar servindo de suporte "popular" a um movimento cujo *efetivo conteúdo* corresponderia muito mais aos interesses de uma *outra* classe social do que aos dela.

Um dos primeiros críticos a sustentar o caráter pequeno-burguês do fascismo foi o italiano Luigi Salvatorelli, em seu livro *Nazionalfascismo,* publicado em Torino, em 1923. Para ele, a pequena bur-

---

[22] Cf. Gramsci: "O fato característico do fascismo consiste em ter constituído uma organização de massa da pequena burguesia. É a primeira vez na história que isso se verifica" (*L'Unità,* 26/8/1924).

guesia, envolvida na luta de classes travada entre os proletários e os capitalistas, recebendo golpes de um lado e do outro, acabara por se revoltar e se tornara o elemento diretivo do movimento capitaneado por Mussolini (Mussolini, pessoalmente, como líder, seria, aliás, a própria encarnação do pequeno-burguês italiano. E Gramsci chegou a descrevê-lo como "o tipo concentrado do pequeno-burguês italiano, enraivecido, amálgama feroz de todos os detritos que vários séculos de domínio estrangeiro e clerical deixaram no solo nacional", *L'Ordine Nuovo*, 1º de março de 1924).

Tese completamente diversa da do caráter pequeno-burguês do fascismo é defendida por Giulio Aquila, ou melhor, pelo húngaro D. Chasch, que vivera muitos anos na Itália e adotara o pseudônimo de Giulio Aquila. Numa análise escrita em 1922, afirma que a hegemonia no movimento fascista cabia, de fato, à *burguesia industrial*. Foi ela que, desde o começo, apoiou Mussolini em sua campanha intervencionista, pois era ela que tinha interesse em que a Itália entrasse na guerra. Terminada a Primeira Guerra Mundial, Mussolini tinha sido obrigado a fazer grandes concessões ao chamado "fascismo agrário" (setor do fascismo que se apoiava, sobretudo nos grandes proprietários rurais), a fim de poder manter o controle geral do movimento que fundara, porém já no final de 1921 tornava a imprimir ao seu movimento uma orientação adequada às conveniências da grande indústria, transformando-o – como partido – no *braço armado do capital industrial italiano*.[23]

O que teria levado a burguesia industrial na Itália a optar por um caminho que ela não trilhara, afinal, nos demais países da Europa? Giulio Aquila procura encaminhar uma resposta para essa pergunta: examinando minuciosamente as características do fascismo e da Itália, reporta-se à crise italiana que a guerra agravara, e acaba por sustentar que a opção fascista da burguesia industrial italiana teria sido determinada pelas condições extremamente difíceis que ela encontrou

---

[23] Em *Kampf dem Faschismus*, J. Reents Verlag, Hamburgo, 1973.

para a "reconstrução" (*Wiederaufbau*) no pós-guerra e pelas facilidades oferecidas pela divisão interna do proletariado. É uma explicação que não explica grande coisa. Em outros países europeus dos anos de 1920, o proletariado estava igualmente dividido e as condições da "reconstrução" (?) não eram menos duras que as da Itália. Outra explicação é proposta pelo socialista Filippo Turati. Em 1928, ele acusava a esquerda de ter avançado com excessiva precipitação, dizia que os "filo-bolchevistas" com seus "excessos", tinham assustado a burguesia italiana e afinal a tinham empurrado para os braços de Mussolini.[24] Mais tarde, contudo, Otto Bauer contestou esse argumento, lembrando que a "ocupação das fábricas" (instante em que o proletariado teria podido assustar a burguesia italiana), em agosto-setembro de 1920, precedeu de *mais de dois anos* o momento em que Mussolini assumiu o poder (em outubro de 1922), e deixando claro que a tomada do poder pelos fascistas não ocorrera *logo após* um grande avanço da esquerda e sim em seguida a um *processo geral de deslocamento para a direita*, marcado por *diversas derrotas da classe operária*.[25]

O liberal Piero Gobetti acenou com a possibilidade de elucidar o irrompimento do fascismo na Itália com a evocação de certos aspectos negativos da tradição *cultural* italiana. Segundo ele, o fascismo surgia como uma *acentuação* das mazelas do espírito italiano, entre as quais destacava a retórica, a corrupção e a demagogia.[26] De certo modo, a observação de Gobetti é pertinente. Como *chauvinistas*, os fascistas eram, no fundo, incapazes de amar a nação *real* a que pertenciam, eram incapazes de aceitá-la como uma comunidade "imperfeita", cheia de divisões internas. Faltando-lhes a profundidade da compreensão íntima e do afeto, não podiam identificar-se profundamente com ela, fazendo-a mover-se por si mesma, num paciente esforço para melhorar-se, para corrigir-se. Fascinados pelo mito de uma nação

---

[24] Cf. *Esilio e morte di Filippo Turati*, A. Schiavi, Roma, 1956.
[25] *Zwischen zwei Weltkriegen?*, Bratislawa, 1936.
[26] *Scritti politici*, ed. por P. Spriano, Torino, 1960.

homogênea, "perfeita", os fascistas se ligavam mal à nação concreta, dispunham-se a "depurá-la", violentavam-na. O artificialismo da retórica fascista corresponderia, então, à inevitável falsidade dos sentimentos patrióticos por eles tonitroados. As formas intolerantes da devoção à pátria recorriam à ênfase formal para compensar o conteúdo rarefeito do conceito de pátria na boca dos fascistas. A retórica teria a função de tornar eloquente um conteúdo que não podia falar por si mesmo.

Mas não se pode exagerar a significação desse vínculo entre o fascismo e a retórica. Havia no fascismo também uma rejeição da velha retórica liberal, um acentuado desprezo do "palavrório" inócuo, que o "homem de ação" Mussolini repelia (Cf. *Opera Omnia*, vol. XVII, p. 318). A retórica ajudava a criar um *pathos* útil na ampliação da área que o mito fascista podia sensibilizar. Mas, quando Giovanni Gentile, no manifesto dos intelectuais fascistas em 1925, procurou justificar sua adesão ao *Duce*, não precisou recorrer à retórica e preferiu mesmo expor seus argumentos de modo sóbrio e objetivo. Defendendo o fascismo contra a acusação de ser reacionário, Gentile procurou caracterizá-lo como o *movimento capaz de realizar eficazmente o progresso*, o movimento capaz de organizar, com base na sua concepção do "Estado ético", as condições nas quais os mais profundos anseios dos antigos liberais poderiam vir a ser um dia satisfeitos.[27] Forjando a "nação" fascista, o "Estado ético" se mostrava o único instrumento capaz de assegurar a prática de uma política efetivamente *progressista*, a promoção do desenvolvimento tanto material quanto espiritual dos povos.[28]

---

[27] Em *La Lotta politica in Italia,* Nino Valeri, Florença, 1962.
[28] Ajudando a compor a imagem progressista do fascismo, o ex-socialista Marcel Déat chegou a sustentar, na França, que Hitler era um legítimo herdeiro dos jacobinos de 1793 (citado em *Varieties of Fascism*, Eugen Weber, New York, 1964).

VI

A *eficácia política* do movimento fascista era, para numerosos intelectuais, uma perspectiva fascinante. Gentile não foi, de modo nenhum, o único caso de intelectual seduzido pela face "revolucionária" da direita.

Os artistas e intelectuais têm uma situação delicada e complexa em sua relação com a sociedade capitalista, seu Estado e seu mercado. Eles têm uma *função social* específica, que é a de elaborar representações ou interpretações capazes de enriquecer a autoconsciência da humanidade em cada época, em cada país, possibilitando aos homens reconhecerem melhor, sensível e/ou intelectualmente, a sua própria realidade. Mas as condições de vida e de trabalho não lhes facilitam o exercício da função que lhes cabe. Salvo algumas exceções, nem sempre significativas, os intelectuais e os artistas não são beneficiários diretos, em escala apreciável, das vantagens econômicas decorrentes da propriedade capitalista; por isso, não se inclinam *necessariamente* pela defesa do regime. Muitas vezes, são assalariados; e essa condição os aproxima da classe operária. Mas não se acham unidos pela consciência de terem uma missão histórica em comum. E as classes dominantes se encarregam de aprofundar-lhes as contradições internas, através das pressões econômicas, das intrigas e das lisonjas. Mais: o próprio acervo da cultura passada, que a intelectualidade recebe como herança e toma como base para a sua produção, serve para confundi-la, serve – em alguns casos – para impedi-la de ter pleno acesso ao reconhecimento da verdade da história (pois se trata de um acervo no qual, misturados às mais preciosas conquistas da evolução cultural dos homens, estão sutis preconceitos cristalizados da dominação classista).

Em face desse acervo da cultura passada, a prática mostra que são tão ingênuos os propósitos da "vanguarda" artística extremada ("inovação" radical, rompimento absoluto com tudo que veio antes) como os propósitos do *academicismo* (canonização do já feito): para produzir, os artistas e os intelectuais são obrigados a atender às exigências novas do presente, através da reelaboração – inevitavelmente *crítica* – do material ideológico legado pelas gerações precedentes. Essa reelaboração exige um difícil e acidentado trabalho, um doloroso aprendizado, uma luta constante contra a autocomplacência do *particularismo* ideológico, uma resistência teimosa contra as tendências dissolutoras do desespero.

O marxismo (uma concepção teórica elaborada por intelectuais, convém não esquecer) oferece aos produtores de cultura poderosos instrumentos para que estes submetam suas próprias contradições a uma análise libertadora, mas cobra deles a humildade de renunciarem às fantasias idealistas de supervalorização de si mesmos e intima-os a verem no trabalho em que se empenham com todas as suas energias apenas *um momento* do movimento transformador das sociedades. Com seu *materialismo histórico*, a concepção de Marx e de Engels mostra os limites desse momento, ensinando que os problemas mais profundos da luta que os intelectuais e artistas travam no plano da cultura têm sua efetiva solução encaminhada num *outro plano*, que é o das mudanças diretamente socioeconômicas, isto é, o da transformação das relações de produção.

O *fascismo é uma revolta contra o materialismo histórico*, é uma reativação apaixonada das convicções *idealistas*. Mussolini enchia a boca para falar em "santidade" e em "heroísmo", em "atos nos quais não influem quaisquer motivações econômicas, nem próximas nem distantes" (*Dottrina del Fascismo*). Hitler repelia o marxismo (servindo-se de uma ideia de Max Scheler) como "uma doutrina primitiva da inveja" (*eine primitive Lehre des Neides*);[29] e o acusava, em *Mein Kampf*, de acarretar uma "diminuição no valor da pessoa humana" (*Minderbewertung der Person*). Para sustentar o poder criador do homem, o fascismo negava os condicionamentos em que tal poder se exercia. Para sustentar seus princípios idealistas na polêmica contra o materialismo dos marxistas, o fascismo promovia uma confusão sistemática dos conceitos: o termo *idealista* era arrancado ao campo da *teoria do conhecimento* e era aplicado exclusivamente ao campo da *moral*, onde assumia um conteúdo seguramente positivo; e o termo *materialista*, grosseiramente simplificado, amputado de seu imprescindível complemento *dialético*, amesquinhava-se, não era mais reconhecido como indicador de uma orientação filosófica (perfeitamente compatível com o *idealismo moral*) e servia para designar a estreiteza de horizontes do *egoísmo* e da *falta de ideais*.

Nesse aspecto, como em diversos outros, o fascismo retomava uma prática usual no pensamento da direita, mas a radicalizava. E a radicalização de sua crítica ao materialismo há de ter influído na conquista do filósofo idealista Gentile.

Com Gentile, afluíram muitos outros intelectuais e também um grande número de artistas. Alguns aderiram de armas e bagagens, outros preferiram romances de amor sem casamento. Drieu la Rochelle, na França, viu no fascismo *uma etapa necessária na destruição do capitalismo* (Cf. *La Grande Revue,* março de 1934), aderiu. Luigi Pirandello preferiu o namoro sem compromisso, mas não poupou elogios ao *Duce:* "sempre tive a maior admiração por Mussolini" (*Idea Nazionale*, 23 de outubro de 1923). Mussolini obteve manifestações de simpatia tanto da parte dos escritores ditos de "vanguarda" (os futuristas de Marinetti) quanto da parte de escritores vinculados à

---

[29] Discurso de 12/9/1923.

retórica tradicional, como D' Annunzio. Marinetti, num manifesto publicado no começo de 1923, proclamou: "Nós, futuristas, estamos felizes de saudar em nosso primeiro-ministro, que mal tem 40 anos de idade, um maravilhoso temperamento futurista".[30] O historiador Prezzolini não se entusiasmou tanto pela pessoa de Mussolini quanto pela *eficácia* do fascismo: "O fascismo existe e venceu; para nós, historiadores, isso significa que existem razões válidas para a vitória dele" (*Rivoluzione Liberale*, de 7 de dezembro de 1922). Mussolini podia ter um jeito de palhaço, mas o movimento que lançara e dirigia se mostrara capaz de tomar o poder, de liquidar a esquerda, acabar com as greves e impor a ordem ao país: ele demonstrara na prática (aparentemente) a superioridade do seu idealismo, dos seus mitos patrióticos e voluntaristas, sobre o materialismo dos marxistas. Entre os que o aplaudiam, na Itália, contavam-se os escritores R. Bacchelli, M. Bontempelli e Guido Piovene,[31] o crítico Luigi Chiarini, o historiador Indro Montanelli, o aventureiro Curzio Malaparte e outras figuras então famosas e hoje muito justamente esquecidas. E entre os que o aplaudiam no exterior, além dos fascistas franceses (de maior ou menor "ortodoxia"), como Maurras, L. Daudet e Georges Valois, viam-se vultos imponentes como os de Winston Churchill e Rudyard Kipling. Ao lado dos aplausos de tais celebridades, pouco se notava a admiração que o *Duce* inspirou, na Alemanha, já na primeira metade dos anos de 1920, a um jovem político que mais tarde se tornaria muito importante: Adolf Hitler.

---

[30] Cito por Alastair Hamilton em *L'Illusion Fasciste*, ed. Gallimard, 1973, p. 66. No mesmo livro, à p. 14, encontra-se um pronunciamento do frívolo pintor surrealista Salvador Dali, que viu em Hitler, em 1934, uma "personalidade surrealista" que podia ser considerada "tão admirável como a de Sade ou de Lautréamont".

[31] Guido Piovene viria a escrever, em março de 1939, na revista *Lettura*, que o "milagre" da vida de Mussolini era sua "eterna juventude": "a substância de que é feita a sua política – a sua tática, por assim dizer é sempre poesia" (cit. por Ruggero Zangrandi, *Il Lungo viaggio attraverso il fascismo*, suplemento sobre as responsabilidades das classes dirigentes).

VII

A situação da Alemanha, quando a Primeira Guerra Mundial terminou, não era menos grave que a da Itália. Em certo sentido, era até pior, pois a Alemanha e o Império Austro-Húngaro tinham sido os dois grandes derrotados na conflagração. O Império Austro-Húngaro se desfez em vários pedaços: a revolução proletária irrompeu na Hungria (e se manteve no poder durante mais de quatro meses), ameaçou irromper em Viena e na Tcheco-Eslováquia. Na Alemanha, o número de operários sindicalizados passara de 4 para 11 milhões, de 1913 a 1919: socialistas de esquerda, comunistas e anarquistas haviam subido ao poder na Baviera, no Sul do país, e foram reprimidos; em Berlim, o proletariado se insurgira sob a liderança dos *espartaquistas* e, na repressão, Rosa Luxemburg e Karl Liebknecht haviam sido assassinados.

A onda de insatisfação varreu a monarquia de Wilhelm II, mas a recém-proclamada república, dirigida pelo social-democrata Friedrich Ebert, apoiava-se num exército cuja oficialidade permanecia em grande parte fiel ao imperador. E os militares alemães estavam profundamente frustrados: o Tratado de Versalhes não só entregara de volta à França a Alsácia e a Lorena, e distribuíra as antigas colônias alemãs na África a outros centros imperialistas, como confiscara a frota mercante e os cabos submarinos dos alemães e lhes impusera uma redução no exército de 400 mil para 100 mil homens.

A massa operária descontente não podia ser ignorada; por isso, no imediato pós-guerra, até os dois principais partidos burgueses –

o Partido Democrático Alemão (*Deutsche Demokratische Partei*) e o *Zentrum* católico – incluíram em seus programas pontos referentes à socialização de alguns setores da economia nacional. Por outro lado, o Partido Social Democrata – que contava com o apoio da maior parte dos operários – procurava tranquilizar os conservadores e dar satisfações aos militares monarquistas *abstendo-se* de empreender quaisquer medidas decisivas de *socialização* da economia e apoiando resolutamente a mais brutal repressão contra a extrema-esquerda.

Nessa situação, delicada e confusa, constituíram-se grupos de extrema-direita que explicavam a derrota do exército alemão na guerra como consequência de uma *traição*: a pátria alemã estaria sendo apunhalada pelos "judeus apátridas", que manipulavam tanto a "alta finança ocidental" quanto os "agitadores comunistas" que insuflavam a revolta no meio operário. Uma dessas organizações de extrema--direita, muito ativa na prática de atos terroristas contra os sindicatos, era a *Thule-Gesellschaft*, fundada em 1917 pelo conde Sebottendorf. Dois de seus militantes vieram a se tornar mais tarde destacados dirigentes do Partido Nazista: Rudolf Hess e Hans Frank.

O Partido Nazista foi fundado em 1919 na Baviera pelo ferroviário Anton Drexler com o nome de Partido Operário Alemão (*Deutsche Arbeiter Partei*). Adolf Hitler compareceu a uma das suas primeiras reuniões como espião militar, acabou aderindo ao partido, desligando-se das Forças Armadas. Em fevereiro de 1920, Hitler já era o dirigente responsável pela propaganda do partido e mudou-lhe o nome para Partido Operário Alemão Nacional-Socialista (*National--Sozialistische Deutsche Arbeiter Partei*). Como os socialistas (*Sozialisten*) eram popularmente chamados *sozi*, os nacional-socialistas passaram a ser chamados *nazi* (daí "nazista").

Em julho de 1921 Hitler assumiu o comando do partido. O programa da nova organização era confuso, preconizava a supressão da cidadania dos judeus, exigia terras (colônias) para a expansão do povo alemão, mas exigia também a participação dos trabalhadores nos lucros das grandes empresas, a supressão de todos os ganhos obtidos "sem esforço nem trabalho", o confisco dos bens daqueles que "enriqueceram através da guerra" e uma reforma agrária "adequada às exigências nacionais e visando o bem comum". Aos poucos, os pontos "avançados" do programa foram sendo esvaziados e as palavras de ordem mais claramente conservadoras conquistaram o domínio monopolístico da ideologia do Partido Operário (!) Alemão Nacional-Socialista.

Quando chegaram à Alemanha os primeiros ecos da atividade de Mussolini na Itália, o jornal do Partido Nazista, o *Völkischer Beobachter* ("Observador Popular"), referiu-se ao *Duce* com desprezo, porque ele tinha lutado na guerra contra a Alemanha "a soldo dos judeus franceses". Mas Hitler mandou mudar a linha: ele ficou fascinado pela tomada do poder pelos fascistas na Itália.

Em 1923, inspirado no exemplo de Mussolini, Hitler tramou um golpe de Estado com Luddendorf e Pöhner, mas a tentativa resultou numa grande derrota. Mussolini, na ocasião da "marcha sobre Roma", contava com o apoio de vários generais da ativa, da Confederação Geral da Indústria (Stefano Benni e Gino Olivetti), da Associação dos Bancos e da Confederação da Agricultura. Hitler compreendeu que não lhe bastava contar com a ajuda de um "herói de guerra" aposentado e de um ex-chefe de polícia muniquense. Durante o processo que lhe fizeram, teve ampla liberdade de defesa, discursou longamente, explicando aos juízes: "Se estou aqui como revolucionário, é na condição de um revolucionário inimigo da revolução".[32] Foi condenado, cumpriu seis meses da pena e foi liberado.

Os anos que se seguiram ao fracassado *putsch* de Munique foram ruins para o Partido Nazista. Hitler escreveu e publicou seu famoso livro *Mein Kampf* e, em seguida, redigiu um segundo livro, que não foi submetido a revisão nem publicado.[33] O número de

---

[32] *Der Hitler-Prozess vor dem Volksgericht in München*, 2 vols., ed. Knorr & Hirth, Munich, 1924.

[33] *Hitlers zweites Buch* (1928), com introdução e comentado por G. L. Weinterg, ed. DVA, Stuttgart, 1961.

adeptos do partido diminuiu, dissidências internas se agravaram, o capital passou a afluir mais na direção de outra organização direitista rival – a do *Stahlhelm*, dirigida por Franz Seldte – que na direção dos hitleristas. No entanto, nos anos de 1920, a direita, em escala europeia, se achava na ofensiva. Mussolini tomara o poder na Itália e firmara-se nele. Na Hungria, o almirante Horthy e o conde Bethlen, solidamente instalados no poder, prosseguiam no trabalho de liquidar a esquerda, começado na repressão à "República Húngara dos Conselhos", em 1919. Na Espanha, apoiado pelo rei, o general Miguel Primo de Rivera instalara, em 1923, a sua ditadura. Em maio de 1926, as tropas do general Pilsudski tomaram Varsóvia, passando pelos cadáveres de cerca de 300 pessoas; e, em Braga, sublevaram-se as tropas do general Gomes da Costa: abriam-se os caminhos para mais duas ditaduras de direita, na Polônia e em Portugal. Hitler, olhando à sua volta, encontrava boas razões para não desanimar.

Na Alemanha mesmo, a partir de 1928, a situação volta a melhorar para o Partido Nazista. Na época, os círculos conservadores de todo o mundo (inclusive os alemães) observavam com renovada simpatia a Itália fascista, que tinha "acabado com as greves" e apregoava êxitos retumbantes em sua política econômica. Erwin von Beckerath escrevia que, na medida em que não se dispunha a alterar a ordem *social* e implicava apenas um novo sistema *político*, o fascismo podia ser assimilado por *toda* a Europa, a despeito de suas características especificamente italianas.[34] Os fascistas alemães empenhavam-se em desfazer equívocos e desconfianças em suas relações com os capitalistas. Hitler explicava que, a seu ver, o capitalismo estava "doente", mas os fascistas não queriam "destruí-lo" e sim "curá-lo". Fazia-se uma distinção entre os "bons" capitalistas (patrióticos) e os "maus" (acumpliciados com a conspiração

---

[34] *Wesen und Werden des faschistischen Staates,* ed. Julius Springer, Berlim, 1927, p. 154.

judaica mundial). O livro de Gottfried Feder, *Der Deutsche Staat auf nationaler und sozialer Grundlage* (que Hitler apresentava como "o catecismo do nosso movimento"), contém calorosos elogios a Alfred Krupp, a Mannesmann, a Werner Siemens, a Thyssen e a outros capitalistas "bons". Esse trabalho de esclarecimento não tardou a surtir efeito: pouco a pouco, o capital financeiro alemão inclinou-se por uma ajuda mais efetiva ao movimento liderado por Hitler.[35] A crise capitalista mundial de 1929 acelerou esse "congraçamento". Depois do Tratado de Versalhes, para que os alemães pagassem os ressarcimentos a que se comprometeram no final da guerra de 1914-1918, haviam-se criado vínculos profundos entre o capitalismo alemão e o capitalismo no Ocidente, em geral: o Ocidente financiava os capitalistas alemães, para estes promoverem as operações capazes de permitir o levantamento do dinheiro devido, sem a destruição do sistema, internamente, no país. A quebra da Bolsa de Nova York atingiu, por isso, fortemente, a economia alemã. Em março de 1930, caiu o governo constituído por uma coalizão liderada pelo Partido Social Democrático: iniciou-se, então, um claro deslocamento para a direita. Assumem o poder conservadores resolutos, como Brüning, Papen e von Schleicher, que não são escolhidos pelo Parlamento e sim apenas nomeados pelo presidente Hindenburg: dispensando as leis, que dependeriam sempre do Congresso, passam a governar com

---

[35] No Ocidente, o movimento nacional-socialista era encarado com reservas, em geral, pois se temia que, instalados no poder, os nazistas desenvolvessem uma política exterior imperialista, que os levasse a chocarem-se com a França e Inglaterra. Por outro lado, via-se com simpatia, nos círculos conservadores, a implantação na Alemanha de um regime capaz de se chocar com o da União Soviética. O magnata do petróleo Henry Deterding teria dito em 1929: "O fascismo na Itália ainda não nos trouxe a prova de que é realmente aquilo de que nós precisamos. Essa prova só pode ser proporcionada pela Alemanha" (Cit. em *Von Weimar zu Hitler*, Paul Merker, ed. Materialismus, Frankfurt, 1973, p. 14. A primeira edição saiu no México em 1944).

base em decretos de emergência (*Notverordnungen*). Para legitimar essa situação de ilegalidade institucionalizada na esfera governamental, invoca-se a dramática situação criada no mercado de trabalho alemão: o número dos desempregados se eleva a quatro, a cinco e finalmente a *seis milhões*. Os nazistas lideram em Bad Harzburg, em outubro de 1931, uma reunião das forças e organizações de extrema-direita para combinar uma ação comum. O *Premier* Brüning recebe a visita do núncio papal, cardeal Pacelli (futuro papa Pio XII). A Igreja Católica tinha assinado com Mussolini em 1928 uma Concordata que superava antigas divergências.[36] Em maio de 1931, o Vaticano publicava a encíclica *Quadragesimo Anno*, que apresenta uma inspiração nitidamente antiliberal e muitos pontos de contato com o fascismo. O cardeal Pacelli aconselha Brüning a entender-se com os nazistas.[37] Em janeiro de 1932, Hitler explica seu programa de governo aos principais representantes do capital financeiro alemão e é entusiasticamente aplaudido.

Em novembro de 1932, os nazistas sofrem uma derrota nas eleições legislativas, mas o capital financeiro já estava decidido a apoiá-lo e não o deixa cair: o velho Hindenburg (quase nonagenário) recebe uma carta pedindo a nomeação de Hitler para o posto de primeiro-ministro, assinada por alguns dos industriais e banqueiros mais importantes da Alemanha, tais como Hjalmar Schacht, Kurt von Schröder, Fritz Thyssen, Friedrich Reinhardt, Fritz Beindorff, Emil Helffrich, Ewald Hecker, August Rostberg, Albert Vögler, Fritz Springorum e outros. Também von Papen adere a Hitler, em troca de uma vice-chancelaria. No final de janeiro de 1933, Hindenburg – que, afinal, simpatizava com Hitler[38] – nomeia-o *chanceler*. E Hitler

---

[36] Gioacchino Volpe tinha indicado desde 1924 a conveniência desse entendimento entre o Partido Fascista e seu antigo adversário, o Vaticano: "L'antico avversario non ci si presenta piú come tale. E mutato esso, siamo mutati noi" (*Gerarchia*, outubro de 1924).

[37] Heinrich Brünen, *Memoiren* (1918-1934), Stuttgart, 1970, p. 359.

[38] A historiografia conservadora atual exagera a importância das "reservas" manifestadas pelo velho marechal Hindenburg ante a vulgaridade de Hi-

se instala no poder, do qual só sairia, morto, no final da Segunda Guerra Mundial.

tler; a verdade é que o marechal apoiou firmemente a campanha feita em torno da aliança entre a "velha grandeza" (representada por ele) e a "nova força" (representada por Hitler). E, quando Hitler, após um acerto com os generais, acusou Röhm, Strasser e outros de atividades conspirativas e mandou matá-los, em 1934, Hindenburg lhe enviou uma mensagem de "profundo agradecimento e sincero reconhecimento" em nome do povo alemão, louvando-lhe a "resoluta iniciativa" e a "coragem pessoal".

VIII

Com a ascensão de Hitler ao poder na Alemanha, o fascismo apareceu aos olhos de todos como uma tendência mundial. Apesar das contradições existentes entre os diversos movimentos fascistas nacionais (a atitude apaixonadamente antialemã de alguns fascistas franceses, os atritos entre Hitler e Mussolini em torno da hegemonia que cada um procurava assegurar para si na região do Danúbio etc.), a tendência fascista ultrapassava as fronteiras nacionais. Com isso, o fascismo se impunha a uma redobrada atenção por parte de seus adversários, exigia destes uma análise mais aprofundada.

Ainda na véspera da nomeação de Hitler para a chancelaria, Franz Borkenau, ex-comunista, ex-assessor de Manuilski na Internacional, sustentava que o fascismo tinha sido a solução encontrada pelo capitalismo italiano atrasado para poder promover o desenvolvimento econômico, superando simultaneamente os obstáculos das exigências do movimento operário e de algumas estruturas anacrônicas, pré-capitalistas. O partido único fascista seria o instrumento capaz de fazer aquilo que uma burguesia insuficientemente forte não conseguia fazer por si mesma. Mas a burguesia alemã era fortíssima: "ela não se pode deixar representar por um partido fascista. Ela é capaz de governar sozinha e precisa mesmo fazê-lo".[39]

---

[39] *Archiv fur Sozialwissenschaft und Sozialpolitik*, vol. 68, fevereiro de 1933.

E, na França, o líder socialista Léon Blum comentara a derrota do Partido Nazista nas eleições de novembro de 1932, dizendo: "de agora em diante, o acesso ao poder – legal ou ilegal – está vedado para Hitler" *(Le Populaire,* 9 de novembro de 1932).[40] O desmentido dos fatos às previsões de Borkenau, de Blum e diversos outros observadores era uma evidência de que o fascismo era *um mal mais grave do que se pensava.*
Também na área dos comunistas impuseram-se complicadas revisões. Stalin havia sustentado, em 1924, que o fascismo e a social-democracia eram "irmãos gêmeos": a social-democracia não passava, afinal, da "ala moderada do fascismo". Ao longo dos anos de 1920 e mesmo no começo dos anos de 1930, os comunistas e os social-democratas mantiveram péssimas relações. Em 29 de maio de 1922, o jornal do Partido Social-Democrático alemão – *Vorwärts* – sustentava que "a unidade das forças do movimento operário só pode ser recuperada e fortalecida em luta renhida contra os comunistas". Pouco antes, num governo liderado pelo social-democrata Friedrich Ebert, tinham sido assassinados por agentes da manutenção da ordem os dirigentes comunistas Karl Liebknecht, Rosa Luxemburg e Leo Jogiches, e os crimes haviam ficado impunes. Isso explica que a caracterização da social-democracia por Stalin como "social-fascismo" tenha tido boa receptividade entre os comunistas, na época. Os social-democratas chegaram a ser encarados como inimigos tão nefastos quanto os fascistas, e em alguns momentos até como inimigos *mais perigosos, porque mais dissimulados.* Ainda no final de 1931, o líder do Partido Comunista Alemão, Thaelmann, recomendava a seus companheiros que, na luta contra a reação,

---

[40] Já em 1922, Léon Blum – que mais tarde viria a se tornar um importante líder da frente popular antifascista na França – havia subestimado o fascismo, interpretando seu êxito na Itália como um "impulso de fuga ao tédio da vida cotidiana", de "atração pelo inédito, pelo romanesco", uma consequência do "fascínio pela força" e do "gosto pela aventura" *(Le Populaire,* 31 de outubro de 1922).

vibrassem o "golpe principal" na social-democracia, sem poupar sua ala esquerda. E explicava: "Com sua 'filial de esquerda', ela é o apoio mais perigoso com que conta a burguesia, é o fator ativo da fascistização" (*Rote Fahne*, 26/11/1931).

Tornando-se um sistema mundial, o fascismo exigiu dos comunistas que o repensassem, mas a revisão passava por um reexame das relações entre comunistas e social-democratas. A revisão mobilizou vários dirigentes políticos e escritores comunistas, entre os quais se destacaram o inglês (nascido na Índia) Rajani Palme Dott (com seu livro *Fascism and Social Revolution,* Londres, 1934), o francês Maurice Thorez e o italiano Palmiro Togliatti. Mas o principal mérito na elaboração da nova interpretação comunista oficial do fascismo cabe ao búlgaro G. Dimitrov (que parece ter sido quem convenceu Stalin a aceitar o "novo curso"). Em discurso pronunciado em 2 de agosto de 1935, no 7º Congresso da Terceira Internacional, Dimitrov sancionou a definição que se tornou famosa: o fascismo é "a ditadura terrorista aberta dos elementos mais reacionários, mais chauvinistas e mais imperialistas do capital financeiro".[41]

O mesmo Congresso que consagrou a nova interpretação comunista do fascismo aprovou também a nova atitude ante o inimigo fascista: a linha da *frente popular antifascista*, a luta num quadro de aliança com a social-democracia. Uma aliança, aliás, que abrangia não só a social-democracia como, mais amplamente, *todas as forças burguesas capazes de se opor aos elementos do capital financeiro responsáveis pelo avanço do fascismo.*

Nesse ponto, Trotsky foi contra. Derrotado por Stalin na luta interna dos anos de 1920, expulso da União Soviética, Trotsky acompanhara em grande número de artigos o desenrolar dos acon-

---

[41] Antes da definição ter sido sancionada por Dimitrov, foi formulada por Stalin mesmo, no 13º "executivo ampliado" da direção da Internacional. Mas Stalin não se empenhou na defesa da fórmula como Dimitrov, mostrando-se inclusive discreto no seu emprego.

tecimentos na Alemanha e previra argutamente a ascensão de Hitler ao poder, criticando tenazmente a teoria estalinista dos "irmãos gêmeos". Para vencer o isolamento, os comunistas alemães precisavam se empenhar numa aliança pela base com os trabalhadores social-democratas, insistia Trotsky. Nas observações do exilado, misturavam-se profecias notáveis (como a de que Hitler no poder invadiria necessariamente a União Soviética) e alguns erros de avaliação, devidos a certa subestimação das contradições internacionais na área imperialista ("Chegando ao poder, Hitler tornar-se-ia um dos principais apoios de Versalhes e uma ajuda para o imperialismo francês").[42] Mas a rejeição da frente popular antifascista se baseava não na subestimação das contradições entre as nações e sim num outro aspecto problemático do pensamento de Trotsky: na contraposição um tanto rígida que ele tendia a fazer entre a classe operária e as demais classes sociais. Trotsky nunca reconheceu com clareza o papel desempenhado pela *política* como *mediação* entre as classes sociais em luta e a elaboração das diversas representações da realidade na vida cultural das pessoas, na esfera ideológica: por isso, subestimava a importância do fortalecimento de Stalin na direção do partido e, na crise do 12º Congresso do PC da URSS, em 1923, *conciliou* com Stalin, ignorando as advertências de Lenin (por isso, também, após a morte de Lenin, quando irrompeu, em 1925, a luta entre Stalin e Zinoviev, Trotsky desprezou toda e qualquer possibilidade de intervenção nela, considerando-a um conflito no qual nenhum princípio estava em questão; um choque irrelevante, portanto, do ponto de vista da luta de classes).[43] A concepção que Trotsky tinha da luta de classes, na medida em que não reconhecia concretamente a extensão do plano mediador da política e contrapunha a classe operária às

---

[42] Leon Trotsky. *Wie wird der Nationalsozialismus geschlagen?*, ed. Europaische Verlagsanstalt, Frankfurt, 1971, p. 196.
[43] Reproduzo aqui os argumentos de Nicolas Krassó, expostos no artigo sobre o marxismo de Trotsky, que publicou na *New Left Review*, nº 44.

demais classes, podia comportar uma aliança dos comunistas com os social-democratas, mas repelia a ampla frente popular antifascista, que abrangia setores da própria burguesia. Partilhando da concepção de Trotsky, Daniel Guérin explicava, em 1936, que era sustentando energicamente seu programa socialista, sem fazer concessões, que o proletariado podia conquistar as classes médias.[44] A consequência inevitável dessa linha de pensamento era o isolamento sectário. E não é certamente casual que o PC francês, pondo em prática a política do *front populaire,* tivesse se tornado um poderoso partido de massas, enquanto as organizações de esquerda mais próximas das concepções de Trotsky ou de Daniel Guérin permaneciam restritas às dimensões de *pequenas seitas.*

O que confere maior interesse à reflexão dos intelectuais ligados a essas pequenas seitas é o fato de que a crítica do comunismo por eles desenvolvida abordava problemas *reais,* que o estalinismo, com sua metodologia *manipulatória,* tratava de subtrair às discussões entre comunistas. As deformações da metodologia leninista, sutilmente introduzidas por Stalin, tiveram efeitos negativos bastante complexos sobre o movimento comunista. Contribuíram para agravar, em alguns casos, as perplexidades e confusões de diversos revolucionários. O *oportunismo taticista* de Stalin (a expressão é de Lukács), exigindo da teoria uma justificação direta de cada virada tática imediata na atividade do partido, criou condições extremamente hostis à elaboração teórica em profundidade: a teoria marxista, perdendo a capacidade de "criticar" a prática, deixou de se desenvolver. E os esforços no sentido de desenvolvê-la à *margem da prática real* produziram resultados altamente problemáticos.

---

[44] "Il ne s'agit pas pour le prolétariat de capter les classes moyennes en renonçant a son propre programme socialiste, mais de les convaincre de sa capacité à conduire la societé dans une voie nouvelle: par la force et la sureté de son action révolutionnaire. C'est précisément ce que les inventeurs des fronts populaires ne veulent pas comprendre" (*Fascisme et grand capital*, ed. Maspero, 1971, p. 15).

Tentando avaliar a evolução do fascismo alemão sem cair no desespero, Fritz Sternberg chegou a ver na crise de 30 de junho de 1934 (liquidação de Röhm, G. Strasser, von Schleicher, entre outros, por ordem de Hitler) um movimento que "abalava" a base de massas do fascismo.[45] Na realidade, a base de massas do fascismo alemão não chegou a ser abalada, na ocasião, e a popularidade de Hitler cresceu, como se pôde verificar na época dos jogos olímpicos de 1936. A inflação tinha sido contida e, *construindo modernas autoestradas,* Hitler se preparava para a guerra e *ampliava o mercado de trabalho, superando o problema do desemprego* (em termos economicamente análogos aos que F. D. Roosevelt havia posto em prática nos Estados Unidos, com as grandes obras públicas do vale do Tennessee; só que Roosevelt não tinha objetivos bélicos). Uma propaganda intensa proclamava aos quatro ventos o "milagre alemão".[46] A produção aumentara, os êxitos no desenvolvimento das indústrias sintéticas eram imponentes, o regime contava com o apoio de amplos setores da população. Sentindo-se *traídos pelo proletariado alemão, decepcionados com os expurgos* que se realizavam na União Soviética, Th. W. Adorno e Max Horkheimer – os líderes da chamada "Escola de Frankfurt" – começaram a precisar os contornos de sua filosofia nesse clima de tragédia: puseram-se a aplicar o marxismo *exclusivamente à crítica da sociedade capitalista,* rejeitando como ilusória a parte relativa ao papel da classe operária, à edificação da sociedade socialista. (Na terceira parte do presente trabalho, voltaremos a falar de Adorno e Horkheimer. E nos ocuparemos, então, também de Wilhelm Reich, cujas ideias também se ligam aos anos dramáticos que se seguiram à tomada do poder por Hitler, embora sua influência tenha se acentuado mais recentemente, nos anos de 1960).

---

[45] Sternberg, *Der Faschismus an der Macht*, ed. Contact, Amsterdam, 1935, p. 180.
[46] Por exemplo, *Das deutsche Wirtschaftswunder,* de H. E. Priester, Amsterdam, 1936. E *Das deutsche Finanzwunder,* de W. Prion, Berlim, 1937.

Maior influência política do que as teorias de Adorno e Horkheimer (ou Reich) tiveram, na época, as interpretações do fascismo desenvolvidas por dois líderes social-democratas de esquerda: Otto Bauer e Richard Löwenthal. Otto Bauer, uma das expressões mais interessantes do "austro-marxismo", fez argutas observações sobre o fascismo em sua contribuição ao livro *Zwischen zwei Weltkriegen?*, publicado em Bratislava, em 1936: em última análise, contudo, seu ponto de vista implicava uma conciliação com a teoria do *caráter pequeno-burguês* do fascismo. E Löwenthal, com o pseudônimo de Paul Sering, publicou na *Zeitschrift für Sozialismus*, de números 22 a 29 (1935-1936), uma série de artigos na qual interpretava o fascismo como um amálgama de setores de diversas classes que tinham em comum o fato de se encontrarem todos *falidos:* eram capitalistas que não sabiam como viriam a pagar os vultosos empréstimos que tinham sido obrigados a contrair; pensionistas que se sentiam espoliados pela inflação; trabalhadores desempregados, militares reformados, intelectuais e artistas fracassados, pequeno-burgueses arruinados (mas não proletarizados). O fascismo, para Sering, era uma autêntica comunidade de falidos (*eine wahre Volksgemeinschaft des Bankrotts*).

Mas a interpretação de Dimitrov, nas áreas marxistas, em geral, ainda prevaleceu sobre as de Otto Bauer e Sering, tornando-se doutrina oficial do movimento comunista e, através das diversas *frentes populares,* irradiando sua influência mesmo além das fronteiras do comunismo.[47]

---

[47] A vitória da tese de Dimitrov no interior do movimento comunista não foi tranquila. No PC italiano, por exemplo, em agosto de 1936, um dirigente (Montagnana) sustentou que, fracos como estavam, os comunistas deveriam passar a lutar para *melhorar o fascismo,* em lugar de lutar para derrubá-lo. Ausente Togliatti, coube a Grieco derrotar essa proposta.

IX

Nos países de língua inglesa, a interpretação do fascismo defendida por Dimitrov não teve uma acolhida tão entusiástica como na França. Empenhado na política do *front populaire*, o PC francês teve um extraordinário surto de crescimento: passou de 25 mil militantes, em 1932, para 350 mil, em 1936. Mas o começo da guerra, em 1939, representou um severo baque para os comunistas franceses: eles tinham alcançado grande popularidade como patriotas e adversários da Alemanha nazista; Stalin, após o pacto feito com a Alemanha em 22 de agosto de 1939 e o começo da guerra (através da agressão hitleriana à Polônia, em 19 de setembro), atribuíra ao conflito o caráter de uma guerra "interimperialista", e queria convencer o PC francês a combater *também o imperialismo francês*; os comunistas franceses se viram numa situação delicada, foram acusados de "traição" e sofreram uma derrota política da qual só se recuperaram no final da guerra, após longos e duros anos de luta contra os nazistas, na resistência.

A política de frente popular, que acabara sendo derrotada na Espanha pela insurreição fascista de Franco (apoiada por Hitler e Mussolini), que acabara sendo derrotada na França (com a queda do governo de Léon Blum), impusera-se, afinal, após uma série de zigue-zagues, no plano internacional. A URSS, após a manobra inicial do pacto de não agressão com a Alemanha nazista (manobra imposta pela política inglesa de Chamberlain), aliara-se aos Estados Unidos e à Inglaterra *contra os elementos mais reacionários e mais imperialistas do capital financeiro, que tinham assumido o poder na Alemanha e na Itália.* Para proteger suas forças contra a "infiltração ideológica" que seus aliados comunistas poderiam promover através de suas interpretações do fascismo, a burguesia estadunidense e a burguesia inglesa trataram de buscar elementos capazes de proporcionar uma teoria do fascismo *aceitável para os seus horizontes de classe.* E uma das fontes com que logo se deparou foi Hermann Rauschning. Ex-nazista, homem que chegara a participar do círculo dos íntimos de Hitler, Rauschning decepcionara-se com o nacional--socialismo por sua "brutalidade", mas não se sentia arrependido de sua adesão inicial ao partido de seu *ex-Fuehrer*.[48] Para ele, o nacional-socialismo poderia ter sido um movimento de saudável e moderada afirmação da nação alemã; mas, no seu interior, tinha sido corroído pelo *cinismo,* pelo *niilismo,* e acabara carecendo de quaisquer valores morais. Em seu conservadorismo extremado, Rauschning era levado a caracterizar essa *deterioração moral* como um processo através do qual o nazismo se mostrara intrinsecamente *revolucionário,* isto é, ruim.

Outros autores forneciam contribuições variadas às interpretações do fascismo desenvolvidas a partir de um ângulo conservador. Peter Drucker, em *The end of the economic man* (Nova York, 1939), e Frank Munk, em *The economics of force* (Nova York, 1940), sustentavam que o que havia na Alemanha de Hitler era um regime que não tinha mais nada que ver com o capitalismo. O francês Bruno propunha até um novo nome para o tal regime socioeconômico recém-surgido: "coletivismo burocrático" (*La bureaucratisation du*

---

[48] *Ich verleugne meine Gesinnung keineswegs, die mich in die Reihen des Nationalsozialismus führte.* "Não renego de modo nenhum a disposição que me levou às fileiras do nacional-socialismo" (*Die Revolution des Nihilismus,* Zürich, 1938, p. 13).

monde, Paris, 1939). Impressionado com o apoio de massas que o fascismo conseguira obter na Itália e na Alemanha, Emil Lederer viu nele a realização de uma *sociedade de massas,* uma sociedade que havia superado sua divisão interna em classes sociais. As massas, atomizadas e amorfas, tinham encontrado líderes que as uniam em torno de meras emoções: "As massas fazem os ditadores e os ditadores fazem das massas a base contínua do Estado".[49]

O livro de F. Neumann, *Behemoth,* representa uma saudável reação contra esses enfoques conservadores. Neumann, exilado nos Estados Unidos, mantendo contatos com os pensadores da "Escola de Frankfurt", tinha clara consciência de que não se podia opor o fascismo ao capitalismo. Para ele, o fascismo era um "capitalismo monopolista totalitário".[50] Fixando sua atenção no caso alemão, Neumann dizia que a simpatia da indústria alemã por Hitler era compreensível, pois "ela nunca apreciou a democracia, os direitos civis, os sindicatos e a liberdade de discussão".[51] Os limites da concepção de Neumann estavam numa certa idealização da sociedade capitalista anterior ao irrompimento do fascismo: horrorizado com a demagogia nazista feita em torno da "comunidade popular" (*Volksgemeinschaft*), Neumann é levado a contrapor-lhe, num dado momento, a estrutura pretensamente ainda "natural" da sociedade nos tempos do capitalismo liberal: "the natural structure of society is dissolved and replaced by an abstract 'people's community" (*Behemoth,* ed. cit., p. 402).[52]

---

[49] *State of the masses. The threat of the classless society,* E. Lederer, New York, 1940, p. 131.

[50] *Behemoth. The structure and practice of national Socialism.* F. Neumann, New York, 1944, 2ª edição, p. 261.

[51] *idem, ibidem,* p. 361.

[52] A mais discutível de todas as formulações de Neumann é sem dúvida a que o leva a ver em Cola di Rienzo, no século 13, a "primeira tentativa para estabelecer uma espécie de ditadura fascista" (*Behemoth,* ed. cit., p. 465).

X

Em 22 de junho de 1941, o fascismo alemão, que já havia ocupado militarmente a Polônia, a Dinamarca, a Noruega, a Bélgica, a Iugoslávia, a Grécia, a Holanda e a França, lançou contra a União Soviética a mais impressionante máquina de agressão que até então já tinha sido montada na história da humanidade: 154 divisões alemãs, apoiadas por 34 divisões formadas por tropas da Eslováquia, da Hungria, da Romênia, da Finlândia. O conde Ciano, ministro das Relações Exteriores da Itália, anotou em seu *Diário*: "Os alemães acham que dentro de oito semanas tudo estará acabado. É possível. Os cálculos militares de Berlim sempre foram mais exatos que os cálculos políticos." O fascismo italiano acompanhou Hitler no ataque, Mussolini fez questão de enviar soldados italianos para a frente oriental. Mas os fatos mostraram que as esperanças dos fascistas alemães eram irrealistas: o conde Ciano teve ocasião de aprender que os cálculos militares, afinal, não podem ser exatos quando os políticos não o são.

A campanha se prolongou. No curso da guerra, processou-se uma militarização da vida, tanto na Alemanha quanto na Itália. As operações de repressão à oposição política interna assumem proporções descomunais: o bem sucedido atentado que liquidou o nazista Heydrich, na Tcheco-Eslováquia, teve como resposta a mobilização de 450 mil policiais, que detiveram e revistaram 4,750 milhões de pessoas, das quais 13.119 acabaram sendo indiciadas em processo por crime contra a segurança nacional.

Mas a amplitude dos recursos empregados não tornou a repressão onipotente: as contradições da vida social, as experiências da vida cotidiana, superando os bloqueios impostos pelo medo e pela manipulação das informações, levavam as pessoas a uma instintiva desconfiança ante a ideologia fascista. Correntes novas, que surgiam muitas vezes de setores os mais inesperados, ajudavam o antifascismo a se renovar. Um jovem professor assistente da cadeira de Literatura na Universidade de Roma – Mario Alicata – punha-se, juntamente com seus alunos, a descobrir o marxismo através da própria campanha antimarxista que os fascistas não deixavam esmorecer. Alberto Carocci, dirigindo a revista *Argomenti*, publicava uma resenha na qual Ranuccio Bianchi-Bandinelli, fingindo comentar um livro inexistente de um holandês fictício, criticava a política agrária de Mussolini. Na própria Alemanha, o rigoroso controle da vida cultural não impediu um grupo de jovens estudantes, liderado por Wolfgang Harich, de redescobrir por sua própria conta o marxismo. Sentimentos antifascistas surgiram e aprofundaram-se até em círculos mais ou menos conservadores, entre os quais se destacavam homens como Carl Friedrich Goerdeler (ex-prefeito de Leipzig), Ludwig Beck (general) e o coronel Claus Schenk von Stauffenberg, autor do atentado de 20 de julho de 1944, que quase matou Hitler.

O fim de Hitler e de Mussolini é bem sabido. Limitemo-nos a evocá-lo aqui em poucas palavras. Quando tropas estadunidenses e inglesas iniciaram a invasão da Itália, desembarcando na Sicília, desencadeou-se uma crise na direção do fascismo italiano e o *Duce* acabou sendo deposto por alguns de seus mais antigos e firmes companheiros, que se articularam com o rei Vittorio Emanuele III e o prenderam, em 25 de julho de 1943.[53] Hitler enviou Otto

---

[53] Mais tarde, para justificar sua traição a Mussolini, Dino Grandi escrevia: "Três foram os alemães que corromperam o espírito italiano: Karl Marx,

Skorzeny a libertá-lo, ordenou às tropas alemãs que ocupassem o Norte da Itália (para deter o avanço das forças antifascistas) e criou ali as bases para a última tentativa de governo do humilhado Mussolini: a *Repubblica Sociale Italiana*. Sentindo-se abandonado pelo grande capital italiano, que tratava de compor-se com os estadunidenses e os ingleses, Mussolini tentou ainda uma "virada à esquerda" e anunciou em sua "república" (sem Parlamento!) uma "socialização" capaz de lhe assegurar as simpatias da massa do operariado. Mas a manobra, empreendida numa região militarmente ocupada por tropas alemãs por um *Duce* completamente desmoralizado, não surtiu nenhum efeito. Em março de 1944, cerca de um milhão de trabalhadores entraram em greve na área que Mussolini pretendia ajudar os alemães a controlar. Em agosto, os aliados tomaram Florença (e na França uma insurreição libertou Paris). No dia 28 de abril de 1945, Mussolini, capturado na véspera por um grupo de guerrilheiros, foi fuzilado. Dois dias depois, no dia 30 de abril, sentindo chegarem as tropas soviéticas a Berlim, teria se suicidado Adolf Hitler em seu *Bunker*.

No dia 8 de maio, a Alemanha assinou sua capitulação incondicional. Além de Hitler, suicidaram-se Goebbels, Himmler e Goering. Alfred Rosenberg, Hans Frank, Karl Hermann Frank, Wilhelm Frick, Arthur Seyss-Inquart, Wilhelm Keitel, Joachim von Ribbentrop e outros foram executados. Na Itália, além de Mussolini, haviam sido executados Farinacci, Buffarini Guidi, Starace, Bombacci e outros. *Sessenta e um países haviam participado da guerra,* e no solo de quarenta deles haviam sido travadas sangrentas

---

que corrompeu o velho e glorioso socialismo patriótico italiano de Giuseppe Garibaldi e Andrea Costa, levando-o a desviar-se para o árido internacionalismo sem pátria, pseudocientífico; Friedrich Nietzsche, que corrompeu o bom espírito provinciano de Benito Mussolini, levando-o a crer que o *super-homem* pode substituir as insuprimíveis forças coletivas da história e da vontade da nação; e Adolf Hitler, que corrompeu o espírito do fascismo italiano" (cit. por Enzo Santarelli, *Storia del Fascismo*, vol. III, p. 286).

batalhas. Cerca de sete milhões de alemães haviam morrido e, dos que haviam sobrevivido, calcula-se que outros sete milhões não tinham casa para morar. Antes de capitular, entretanto, o fascismo havia assassinado seis milhões de poloneses, seis milhões de judeus, vinte milhões de cidadãos da União Soviética (dos quais treze milhões eram civis). A guerra havia deixado cicatrizes profundíssimas, inapagáveis. O fascismo "clássico", tal como havia sido realizado por Mussolini e por Hitler, havia sofrido uma derrota da qual não mais podia se recuperar.

A DISCUSSÃO SOBRE O FASCISMO DEPOIS DA MORTE DE HITLER E MUSSOLINI

Der Schoss ist fruchtbar noch, aus dem das kroch ("Ainda está fecundo e procriando o ventre de onde isso veio engatinhando").
Bertolt Brecht,
A resistível ascensão de Arturo Ui. Epílogo.

I

Quando a guerra acabou, impôs-se a todos a constatação de que a transformação da sociedade no sentido de um nunca definido "corporativismo" – prometida pelos fascistas – não havia levado a nenhuma modificação no regime econômico da Itália e da Alemanha. "O fato mais esclarecedor a respeito da natureza real dos sistemas fascistas é seguramente o de que, quando eles chegaram ao fim, 20 anos após a 'marcha sobre Roma' de Mussolini e 12 anos após a ascensão de Hitler à chancelaria, a estrutura econômica e social dos dois países não tinha sido mudada de modo significativo", escreveria mais tarde Ralph Miliband.[54] O "corporativismo" se mostrou, afinal, mera empulhação, destinada a manter a ficção de um "terceiro sistema" capaz de funcionar como *síntese* ou *alternativa para o capitalismo e o socialismo*.

Em agosto de 1945, ainda num clima de luta conjunta contra o inimigo comum, os governos dos países que haviam liderado o combate contra a coalizão nazi-fascista criaram o Tribunal Internacional de Nuremberg e, no curso dos trabalhos de apuração dos crimes de guerra, ficaram amplamente documentadas as profundas ligações existentes entre o regime de Hitler, ao longo de toda a sua história, e o grande capital alemão. Num jornal editado

---

[54] *The State in capitalist society*, ed. Weidenfeld W. Nicholson, Londres, 1969, p. 84.

pelas forças estadunidenses de ocupação, o senador Kilgore, dos Estados Unidos, escrevia: "Foi o apoio da indústria pesada e da alta finança alemãs que tornou possível a conquista do poder pelos nacional-socialistas. A reorganização da economia alemã como economia de guerra e a febril corrida armamentista obtiveram seus resultados sob a direção imediata dos industriais alemães" (*Allgemeine Zeitung*, 12/10/1945).

Mas a unidade da frente antifascista era precária, as contradições entre os países que tinham vencido a guerra eram profundas. Já em 19 de outubro de 1946, essas contradições se manifestavam, por exemplo, no protesto apresentado pelo representante da União Soviética ante a sentença pronunciada pelo Tribunal Internacional de Nuremberg, que não considerou crime a mera pertinência à cúpula do governo nazista e absolveu os acusados Hjalmar Schacht e Franz von Papen, dois dos principais articuladores do apoio dado a Hitler pelo capital financeiro alemão. Aos poucos, os estadunidenses começaram a deixar claro que não pretendiam se empenhar, na parte ocidental da Alemanha, numa política de "desnazificação" tão radical como aquela que os soviéticos promoviam na parte oriental do país. Logo as nuvens ameaçadoras da guerra fria ocuparam o céu, insinuando a iminência de nova tempestade: Winston Churchill, visitando os Estados Unidos, pronunciou em Fulton (março de 1946) um discurso no qual, retomando uma expressão de Goebbels, acusava a União Soviética de estar erigindo uma "cortina de ferro" em torno do bloco das nações socialistas. O socialismo, aliás, havia se estendido sobre a terra e a área em que se tentava pôr em prática os seus princípios era uma área demasiado ampla para que os capitalistas, na época, a contemplassem com serenidade: ao lado da União Soviética, no final dos anos de 1940, parecia ter-se forjado um grupo coeso de países socialistas, abrangendo a Tcheco-Eslováquia, a Albânia, a Bulgária, a Romênia, a Hungria, a Polônia, a Iugoslávia, depois a China e a República Democrática Alemã (criada na zona soviética de ocupação, em resposta à criação da República Federal da Alemanha na zona ocupada pelas tropas estadunidenses, inglesas e francesas). A política adotada na Iugoslávia sob a liderança do marechal Tito mostrava claramente a existência de tendências centrífugas no interior do bloco pretensamente monolítico. Stalin, anatematizando Tito, não encaminhou uma política orientada no sentido de ir às raízes dos problemas conexos a tais tendências centrífugas: limitou-se a retardar-lhes, energicamente, a manifestação. Os círculos dirigentes do capitalismo ocidental trataram, naturalmente, de explorar todas as dificuldades internas do campo socialista e todas as deficiências da política estaliniana, em uma *campanha antissocialista de âmbito mundial*. A reinterpretação do fascismo empreendida no Ocidente nos anos da guerra fria apresenta as marcas dessa campanha e procura elaborar teorias isentas de *comprometimento* com o socialismo. Privilegiam-se, na época, as *abordagens do fascismo feitas sob a égide do conceito de totalitarismo*.

II

Um dos primeiros pensadores a que trataram de recorrer os grandes interessados na elaboração de uma interpretação crítica não socialista do fascismo foi o italiano Benedetto Croce. Croce havia apoiado Mussolini no Senado durante a crise que se seguira ao assassinato do deputado socialista Matteotti em junho de 1924, mas depois se havia colocado numa posição de oposição ao regime (conciliando momentaneamente com o *Duce* durante a ocupação militar da Abissínia). Recusando-se a seguir o caminho de seu colega Giovanni Gentile, que se convertera ao fascismo, Croce havia se tornado na Itália um possível símbolo da resistência *liberal* a Mussolini. Mas Croce rejeitava essa possibilidade, recusando-se a enfrentar o tema. Respondendo a alguém que lhe pedia para escrever uma história do fascismo, dizia, em fevereiro de 1946: "Não a escrevi, nem a escreverei, pois odeio tanto o fascismo que me proíbo a mim mesmo de tentar pensar na história dele."[55] No caso, a repugnância mascarava uma debilidade da perspectiva de Croce: sua incapacidade para explicar as razões profundas do irrompimento do fascismo na história da Itália. Aos que o interpelavam, pediam-lhe que esclarecesse por que o fascismo tinha surgido num processo histórico que ele, no passado, vinha descrevendo como

---

[55] *Scritti e discorsi politici* (VTDC-VTDG), Bari, 1963, vol. II, p. 314.

tão "normal", o velho filósofo napolitano replicava que não tinha nada a rever em suas posições: comparando-se a um médico que tivesse examinado o organismo de um homem sadio e depois fosse informado de que o sujeito subitamente adoecera e morrera, Croce caracterizou o fascismo como uma doença inesperada que, de uma hora para outra, tinha atacado o corpo são da Itália.[56] Essa doença repentina – um "parêntese" na história italiana – não tinha nada a ver com os conflitos de classes: "ante o fato do fascismo, é ingênuo crer que lhe encontramos as raízes nos conceitos superficiais e mecânicos das classes econômicas e suas antinomias" (*"innanzi al fatto del fascismo, è ingenuo credere di averne trovato la radice nei superficiali e meccanici concetti delle classi economiche e delle loro antinomie"*).[57]

A obra do veterano historiador alemão Friedrich Meinecke, *A catástrofe alemã*, publicada em 1946, representa um passo adiante, em comparação com as observações de Croce, assinalando um avanço na direção da elaboração de uma interpretação do fascismo capaz de inocentar o capitalismo. Meinecke sustenta que seus amigos, os políticos conservadores Brüning e Groener, se tivessem tido tempo, teriam esvaziado o movimento de Hitler, mas infelizmente foram derrubados do poder em maio de 1932.[58]

À observação dos que assinalaram a brandura com que Groener, na direção do Estado, agiu em face da agitação nacional-socialista,

---

[56] "Se un uomo, che è sano e forte, cade in una malattia mortale, gli è certamente perche aveva in sé la possibilità della malattia; e tuttavia bene era giudicato prima sano e forte come e quanto um uomo può essere sano e forte, cioè senza avere in ciò l'immunizzazione contro le possibili malattie e le epidemie che sopravven gono" (em *Quaderni della crítica*, n° 6, nov. 1946, p. 102). Traduzindo: "Se um homem, que é forte e sadio, cai mortalmente doente, é porque certamente tinha nele a possibilidade da doença. No entanto, tinha sido antes considerado com razão forte e sadio, tanto quanto um homem pode ser forte e sadio, quer dizer, sem estar imunizado contra as possíveis doenças e epidemias posteriormente ocorridas."

[57] *Scritti e discorso politici*, vol. II, p. 47.

[58] *Die deutsche katastrophe*, ed. Brockhaus, Wiesbaden, 1946, p. 72.

Meinecke responde que Groener não foi suficientemente enérgico contra Hitler porque estava com a saúde precária, era diabético.[59] Percebendo a fragilidade do argumento, o historiador não insiste nele, prefere dedicar-se mais amplamente ao exame das condições específicas da Alemanha que permitiram a tomada do poder pelos nazistas. Segundo ele, a vida política alemã sofreu um processo de "desnaturação" (*Entartungprozess*),[60] no qual a tecnificação da vida reprimiu as necessidades metafísicas mais profundas do espírito, provocando, afinal, um desequilíbrio das faculdades anímicas, levando a uma contraposição anômala do racional e do irracional e a um afastamento dos padrões espirituais que existiam no tempo de Goethe. A tecnificação da vida se teria feito acompanhar, aliás, por um outro fenômeno: certo "espírito revolucionário", desenvolvido pelo socialismo, passara "surpreendentemente, mas de maneira muito típica da evolução alemã"[61] – do proletariado industrial para as demais camadas da sociedade, ampliando assim a área de sua influência.

Concluindo sua análise, Meinecke escreve que a ideologia de Hitler poderia ter sido diferente e nem por isso ele teria deixado de mistificar o povo alemão, pois havia na sua liderança "algo de pessoal-casual" (*Etwas Persönlichzufälliges*).[62]

A ideia de um "espírito revolucionário" que se encontraria tanto no avanço do socialismo quanto no aparecimento do fascismo estabelecia uma espécie de *parentesco* entre ambos. Tinha, portanto, todas as condições para agradar às forças intrinsecamente conservadoras que não haviam chegado a se comprometer com o fascismo e que nutriam pelo socialismo uma visceral aversão. Já em 1926, o líder católico italiano Luigi Sturzo, então exilado, havia

---

[59] *Idem*, p. 75.
[60] *Idem*, p. 41.
[61] *Idem*, p. 31.
[62] *Idem*, p. 92.

batido nessa tecla, escrevendo: "No conjunto, só se encontra uma única diferença entre a Rússia e a Itália: a de que o bolchevismo é uma ditadura comunista, ou um fascismo de esquerda, ao passo que o fascismo é uma ditadura conservadora, ou um comunismo de direita."[63] Em 1936, em seu conhecido livro *Humanisme integral*, o filósofo católico francês Jacques Maritain apresentara uma versão mais elaborada da tese do *parentesco*, sustentando que a crise religiosa do nosso tempo levara as massas que apoiavam os comunistas ou os fascistas a dirigirem para seres humanos e coisas exclusivamente humanas sentimentos que deveriam estar dirigidos para Deus (e que, limitados às coisas do mundo, tornavam-se *idolatrias*). Na época do Pacto Ribbentrop-Molotov, houve muita gente bradando aos céus que se haviam realizado suas previsões, que a aliança entre fascistas e comunistas era inevitável, já que ambos eram mesmo "farinha do mesmo saco".[64]

O desencadeamento da guerra com a URSS produziu o arquivamento dessa teoria, mas a reativação de sentimentos anticomunistas no Ocidente, com a guerra fria, voltou a colocá-la em circulação. Era preciso, contudo, "modernizá-la", dar-lhe uma roupagem mais "moderna". E disso se incumbiu Hannah Arendt, num livro que acabou por se tornar o apoio teórico mais consistente com que veio a contar, nos anos de 1950 e no começo dos anos de 1960, a crítica do fascismo baseada no conceito de "totalitarismo": *As origens do totalitarismo* (1951).

Hannah Arendt parte de uma concepção do imperialismo radicalmente contraposta à de Lenin: em lugar de ver no imperialismo a última etapa do capitalismo, ela enxerga nele o princípio do "aburguesamento" da sociedade contemporânea.

---

[63] Cit. em *Theorien über den Faschismus*, Ernst Nolte, ed. Kiepenheuer & Witsch, Colônia, 1972 (3ª ed.), p. 225.
[64] Vejam-se as "profecias" de *L'inevitable alliance Berlin-Rome-Moscou*, Gabriel Leslie, ed. Union, Genève, 1938.

Em seu egoísmo materialista, sem qualquer escrúpulo, os grandes capitalistas do século 19 puseram-se não só a buscar novos mercados no exterior como trataram de jogar com as massas populares, servindo-se delas em suas manobras políticas. Isso acarretou a queda das "muralhas protetoras" que eram constituídas pela bem definida divisão da sociedade em classes. Nas massas desorganizadas, confusas, sem estrutura, o capital buscou e encontrou muitos elementos desqualificados (a "gentalha") com os quais fez uma aliança.[65] As contradições internas do estado de coisas criado por essa política explodiram na guerra europeia de 1914-1918. E as massas, às quais uma politização intensa e caótica tinha sido imposta, passaram a ser "trabalhadas" pelos fascistas e pelos comunistas. Segundo H. Arendt os comunistas e os fascistas recrutaram seus adeptos nessa massa, que os demais partidos haviam se acostumado a desprezar, considerando-a "apática" e "estúpida". "Os movimentos totalitários – explica ela – são possíveis em qualquer parte onde se encontrem massas que, por uma razão ou por outra, passaram a ter apetite por organização política."[66]

Em sua análise, a escritora tende a equiparar o fascismo e o comunismo. Para ela, a guerra entre a União Soviética e a Alemanha nazista foi "uma guerra entre dois sistemas essencialmente idênticos".[67] Na comparação entre os dois "totalitarismos", H. Arendt chega mesmo a enxergar certos aspectos mais humanos no nazismo, já que o terror na União Soviética era um fenômeno que *podia atingir qualquer pessoa* e não estava sequer *limitado pelas discriminações raciais*, como na Alemanha de Hitler.[68]

---

[65] *The origins of totalitarianism,* ed. Harcourt, Brace & Company, New York, 1951, p. 225: *the imperialist alliance between mob and capital.*
[66] Idem, p. 305: *"Totalitarian movements are possible wherever there are masses who for any reason or another have acquired the appetite for political organisation".*
[67] Idem, p. 429: *"A war between two essencially identical systems".*
[68] Idem, p. 6.

III

Uma influente contribuição à interpretação do fascismo fundada sobre o conceito de "totalitarismo" vem do jornalista estadunidense William S. Shirer, cujo livro *Ascensão e queda do Terceiro Reich* teve grande êxito em quase todos os países do Ocidente, inclusive no Brasil. Shirer reuniu documentação por vezes interessante, mas suas análises carecem de profundidade. Nas origens ideológicas do nazismo, ele encontra, entre outros, Georg Wilhelm Friedrich Hegel. A acusação é formulada pelo jornalista em termos de incrível ligeireza de espírito: percebe-se que Shirer, no contato que possivelmente teve com os textos de Hegel, viu-se exatamente na situação de um plácido camelo que contemplasse uma catedral gótica. Mas o livro de Shirer foi lido por muita gente; e a ideia de atribuir a Hegel alguma responsabilidade objetiva pelo hitlerismo encontrou eco.

Hegel, como é sabido, concebeu a realidade como um processo racional que culminava – isto é, atingia sua expressão mais perfeita – no Estado prussiano do seu tempo. O Estado prussiano era conservador, autoritário. Daí a fazer do velho filósofo idealista um precursor de Hitler ia, naturalmente, um passo enorme, um salto acrobático, e somente a ideia de *incriminar na gestação do fascismo o criador do método dialético* poderia animar um escritor conservador a tentar dá-lo.

Havia, certamente, algumas dificuldades praticamente insuperáveis. Em seu *Mito do século 20*, Alfred Rosenberg atacara rudemente Hegel, atribuindo-lhe uma "idealização do Estado" que era inadmissível aos olhos dos nazistas.[69] Mais tarde, Rosenberg voltara à carga, insistindo em que não se devia incorrer no equívoco hegeliano que consistiria em sobrepor o *Estado* ao *movimento* nacional-socialista, pois o Estado, em última análise, era apenas uma *ferramenta* de que o *movimento* se servia (*Völkischer Beobachter*, número de 9 de janeiro de 1934). E Otto Koellreuter, autoridade teórica nazista na matéria, também investira contra Hegel em seu livro *Volk und Staat in der Weltanschauung des Nationalsozialismus* (edição de 1935, pp. 12-15). Shirer, porém, ignorou resolutamente esses entraves. Sem se dar ao trabalho de analisar o conceito hegeliano de Estado, escreveu que a "glorificação" do Estado por Hegel havia preparado o caminho para Bismarck e para Hitler. E acrescentou: "Quando se lê Hegel, percebe-se quanta inspiração Hitler, tal como Marx, extraiu dele, mesmo se tratando de um conhecimento de segunda mão."[70]

Dificilmente Shirer se teria aventurado a sustentar semelhante tese se, antes dele, e com conhecimentos filosóficos muito mais amplos, Karl Popper já não tivesse investido furiosamente contra Hegel, num livro escrito no final da guerra e publicado em 1945: *A sociedade aberta e seus inimigos*.

Karl Popper vê na história da humanidade um esforço incessante das forças politicamente progressistas no sentido da promoção da passagem das sociedades "fechadas", tribais, "coletivistas" (cuja estrutura apresenta características análogas às de um "organismo"), à sociedade "aberta", crítica. Nas sociedades "fechadas", dilui-se a

---

[69] *Der mythus des 20. Jahrhunderts*, ed. Hoheneichen, Munich, 1932 (4ª edição), p. 525.
[70] *The rise and fall of the Third Reich*, ed. Simon and Schuster, New York, 1960, p. 98. ("*As one reads Hegel one realizes how much inspiration Hitler, like Marx, drew from him, even if it was at second band*".)

responsabilidade dos indivíduos; na sociedade "aberta", entretanto, os indivíduos são levados a confrontarem-se com suas decisões pessoais. Para Popper, Marx era um pensador "sincero", que lutava "contra a hipocrisia", um precursor (quem diria!) do pragmatismo,[71] não era um "coletivista";[72] mas, desgraçadamente, foi influenciado por Hegel (e por isso seu método era "coletivista").[73] Hegel era, nas palavras de Popper, um charlatão ignorante, irresponsável,[74] sem qualquer originalidade,[75] cujas concepções levaram ao renascimento do "tribalismo"[76] e fertilizaram o "totalitarismo moderno".[77]

---

[71] *The open society and its enemies,* ed. Routledge and Kegan Paul, Londres, 1952, II, p. 84: *"One of the first philosophers to develop the views which later were called 'pragmatism'"*.
[72] Idem, II, p. 200: *"he was certainly not a collectivist"*.
[73] Idem, II, p. 323: *"Marx i sa methodological collectivist"*.
[74] Idem, II, p. 350.
[75] Idem, II, p. 32: *"There is nothing in Hegel's writing that has not been said better before him"*.
[76] Idem, II, p. 30: *"Hegelianism is the renaissance of tribalism"*.
[77] Idem, II, p. 59: *"Hegel's hysterical historicism is still the fertilizer to which modern totalitarianism owes its rapid growth"*.

IV

Outro apoio com que pôde contar a teoria do "totalitarismo" lhe veio das diversas biografias de Hitler e Mussolini que exageram o papel desses dois líderes e das peculiaridades psicológicas de um e do outro no processo histórico da Itália e da Alemanha. Não estamos formulando uma censura a *todas* as biografias de Hitler e de Mussolini, evidentemente, e nem consideramos inútil ou prejudicial a reconstituição da trajetória pessoal de duas personalidades cuja influência na história do século 20 é *óbvia*. Mas é preciso dizer claramente que os biógrafos de Hitler e Mussolini, em sua maioria, têm trabalhado com base em uma *concepção idealista da história*, que atribui ao arbítrio, a caprichos ou intuições inexplicáveis de alguns "chefes" determinadas decisões ou manobras políticas que só poderiam ser efetivamente entendidas como *respostas às questões apresentadas num dado momento, de forma bem concreta, pelas condições de luta, à organização específica em que o chefe se apoia.*

No caso do fascismo "clássico" de Mussolini e de Hitler, aliás, havia um empenho propagandístico das organizações a que eles serviam (e que se serviam deles) no sentido de *usá-los como símbolos,* apresentando-os como *gênios, provas vivas da autonomia criadora dos homens superiores,* negações eloquentes da "mesquinha" interpretação materialista da história. Vastíssimos recursos materiais e técnicos eram empregados na manipulação da "opinião pública", aproveitando as condições criadas pela chamada sociedade de massas de consumo dirigido. Os historiadores e biógrafos que supervalorizam a importância dos fatores pessoais na ação de Hitler e de Mussolini tombam, de certo modo, na ilusão que os aparelhos fascistas de propaganda procuravam fomentar na época em que os dois ditadores ainda viviam.[78] Convém termos permanentemente em vista a advertência de Horkheimer: "Os chamados 'grandes indivíduos' dos nossos dias, os ídolos das massas, não são indivíduos genuínos, são meras criações de seus agentes publicitários, ampliações de suas fotografias, funções do processo social" (*Eclipse of reason*, 1947, IV).[79]

Fixando a atenção dos leitores nas pessoas dos líderes fascistas, na psicologia deles, os autores de quem estamos falando não contribuem para esclarecer melhor a complexa questão do papel real das grandes personalidades na história: limitam-se (independentemente das intenções subjetivas que os animam) a *obscurecer as responsabilidades objetivas de determinadas organizações*

---

[78] Cf. *Hitler. Ein bericht für junge Staatsburger,* Werner Klose, ed. Heliopolis, Tubingen, 1961: "Muitas circunstâncias se conjugaram. Ninguém sabia, na época (1933), o que precisava ser salvo. Foi em última análise o fato de as pessoas terem, nessa situação tão confusa, tombado sob a dependência de um homem tão convicto de sua missão e tão monstruosamente perigoso como Adolf Hitler que decidiu tudo. Uma fatalidade" (*Verghängnis* p. 71). Também *Adolf Hitler,* Helmut Heiber, ed. Colloquium, Berlin, 1960: "O nacional-socialismo não é mais do que uma projeção da vontade daquele homem, Adolf Hitler, no domínio dos pensamentos e das palavras" (p. 14). Outros exemplos poderiam ser colhidos em *Adolf Hitler,* de Hans Bernd Gisevius, ed. Rütten & Loening (2ª edição), Munich, 1963; e em *Mussolini piccolo borghese,* de P. Monelli, Milano, 1954.

[79] A advertência de Horkheimer serve tanto para os que superestimam a significação das qualidades quanto para os que atribuem importância exagerada aos defeitos pessoais dos líderes. Ernest Niekisch, por exemplo, num livro escrito na década de 1930 e publicado em 1953 (*Das Reich der niederen Dämonen*), impressiona-se demais com a cara de gigolô de Hitler (p. 110) e com a morfinomania de Goering...

políticas e de seus financiadores.[80] Em última análise, recorrendo a "explicações" baseadas na ação "casual" ou "enigmática" de determinados homens "extraordinários", esses escritores representam apenas uma tentativa no sentido de disfarçar o fato de que os representantes da teoria do "totalitarismo", até hoje, não conseguiram elaborar nenhuma interpretação coerente e digna de discussão das *origens do fascismo*.

---

[80] Um exemplo se acha na primeira biografia importante de Hitler, escrita quando o ditador ainda vivia. O biógrafo explica que Hitler não era uma criatura do grande capital (*he is no creature of money*) é que ele havia se achegado ao capital, mas "não como um lacaio" e sim "como um chantagista" (*he did approach big capital – though as a blackmailer, not as a lackey*) [*Der Fuehrer. Hitler's rise to power*, Konrad Heiden, Boston, 1944, p. 264.]. Konrad Heiden não percebe que as "qualidades políticas" que levaram Hitler a liderar com êxito o Partido Nazista e a merecer o apoio maciço do grande capital excluíam a possibilidade de ele se apresentar ante os grandes capitalistas como um "lacaio": caso lhe faltassem a audácia e o cinismo de um "chantagista", o capital financeiro alemão deixaria de ter interesse em apoiá-lo, em servir-se dele.

V

Propondo uma interpretação segundo a qual o fascismo derivaria da ascensão ao poder de líderes autoritários, dominados por impulsos irracionais destrutivos, alguns autores chegam, finalmente, à equiparação visada pela doutrina do "totalitarismo": Hitler = Stalin.[81] Não eram ambos ditadores? Não dirigiram ambos com mão de ferro vastíssimos aparelhos de repressão e extermínio? A aproximação, porém, se ocupa menos da personalidade de cada um dos dois ditadores do que daquilo que eles representavam politicamente: fascismo = comunismo.[82] Para sustentar essa segunda equiparação, subjacente à primeira, enfatiza-se o caráter "revolucionário" que o fascismo teria tido (aceitando-se como certo, mais uma vez, aquilo que o fascismo proclamava utilitariamente dele mesmo.[83] Assim como o comunismo era a "revolução vermelha",

---

[81] Ralf Dahrendorf, "Soziologie und Nationalsozialismus", em *Deutsches Geistesleben und Nationalsozialismus*, ed. por Andreas Flitner, Rainer Wunderlich Verlag, Tübingen, 1965, pp. 116-118.

[82] Dahrendorf fala de ambos como "as duas grandes utopias dos anos de 1920 na Alemanha" (*idem, ibidem*).

[83] Cf. N. Kogan: *"Fascism is inherently revolutionary, not conservative."* "Fascism as a political system", em *The nature of fascism*, ed. por S. J. Woolf, Random, New York, 1969, p. 15. Essa era a tese que Mussolini sustentava, quando Gramsci, no Parlamento, em polêmica contra ele, caracterizou o fascismo como a mera substituição de uma equipe de administradores por outra

o fascismo seria, afinal, a "revolução marrom" (*die braune revolution*, como se lê no título de um livro de David Schoenbaum, publicado em 1968). O que havia de realmente criminoso e inadmissível no fascismo seria mesmo esse "revolucionarismo", que aliás ter-se-ia manifestado em todos os "excessos" de Hitler e de Mussolini... Boa parte da crítica feita ao fascismo de um ângulo mais ou menos conservador-liberal e influenciada pela doutrina do "totalitarismo" se fixa na revoltada contemplação dos "excessos". O crítico Wolfgang Fritz Haug examinou os textos que os professores universitários alemães-ocidentais dedicaram ao tema do fascismo entre 1964 e 1966, numa série de conferências patrocinadas pelas Universidades de Berlim, Tübingen e Munique, e observou a frequência com que neles apareciam as palavras "excesso", "exagero", "radicalismo", "unilateralidade" e "desmesurado". Haug notou que a repulsa dos professores ao fascismo hitleriano se exprimia em *adjetivos* de forte impacto emocional, mas carecia de uma bem definida dimensão *substantiva*. Concentrando-se nos aspectos "desmedidos", a crítica deixava a entender que um fascismo eventualmente "moderado" não lhe inspiraria disposições negativas... E Haug definiu com acerto o sentido político da sua retórica: "Sempre que o antifascismo se reduz a mera fraseologia, ajuda a perpetuar alguma coisa do fascismo" (*"Wo der antifaschismus eine phrase ist, perpetuiert er faschistisches"*).[84]

---

equipe de administradores, acrescentando – para imensa irritação do *Duce* e de Farinacci – que o fascismo não se baseara ao assumir o governo em nenhuma classe que já não estivesse no poder (Cf. *L'Unità*, 23/5/1925: *"La 'rivoluzione' fascista è solo la sostituzione di un personale amministrativo ad un altro personale [...] E rivoluzione solo quella che si basa su una nuova classe. Ill fascismo non si basa su nessuma classe che non fosse già al potere"*).

[84] *Der hilflose antifaschismus*, Wolfgang Fritz Haug ed. Suhrkamp, Frankfurt/Main, 1967, p. 24.

VI

A morte de Stalin em 1953, a realização do 20º Congresso do PC da URSS e o tumultuado início da "desestalinização" criaram condições desfavoráveis para a difusão da teoria do "totalitarismo". As proporções assumidas pelo conflito sino-soviético a partir de 1959, por outro lado, revelam no movimento comunista um quadro mais complexo do que aquele que a "demonização" promovida pelo anticomunismo tinha sido capaz de reconhecer.

Além disso, a equiparação do fascismo ao comunismo, que se encontrava na própria raiz da doutrina do "totalitarismo", pressupunha no Ocidente a vigência generalizada de um *capitalismo liberal,* capaz de se contrapor tanto às ditaduras "totalitárias" *fascistas* quanto às ditaduras "totalitárias" *comunistas,* mas as condições sociais e políticas existentes nos países ocidentais, em sua maioria, *desautorizavam claramente a contraposição.*

Nos Estados Unidos, a imagem do "liberalismo" tinha perdido boa parte da sua credibilidade, no plano interno, por causa da "caça às bruxas" desencadeada pelo senador Joseph McCarthy (e, no plano internacional, por causa da política neocolonialista e intervencionista posta em prática, por exemplo, na Guatemala, em 1954, em São Domingos e no Vietnã). Na França, a imagem do "liberalismo" saíra gravemente danificada após a guerra colonialista que o governo francês travara, com imensa brutalidade, contra o povo argelino, até

1962. Em outros países da área capitalista ocidental, o prestígio dos princípios liberais achava-se ainda mais prejudicado que nos Estados Unidos ou na França. Motivo de especial constrangimento entre os defensores do capitalismo liberal na Europa era o fato de eles se verem levados a trabalhar com aliados como os regimes então vigentes em Portugal e em Espanha, *sobreviventes do fascismo "clássico"*.

Salazar, ministro das Finanças em 1928, primeiro-ministro em 1932, havia instituído em Portugal um regime fascista influenciado pelo "corporativismo" de Mussolini e pelo "austro-fascismo" do ditador Dolfuss (assassinado pelos hitleristas em Viena em 1934). Em 1936, quando o general Francisco Franco se insurgiu contra a República Espanhola, Salazar apoiou-o ativamente: voluntários fascistas portugueses – os "Viriatos" – lutaram na Espanha (6 mil deles morreram) ao lado dos falangistas, dos voluntários fascistas italianos e dos voluntários fascistas alemães contra os republicanos.

Franco, líder da insurreição de 1936, chegou ao poder graças a uma traição e se manteve nele graças a outra. Em 23 de junho de 1936, um mês antes de sublevar-se, Franco havia escrito ao presidente do Conselho de Ministros, Casares Quiroga, uma carta na qual proclamava sua fidelidade de soldado ao regime e assegurava: *"Faltan a la verdad quienes presentan al Ejército como desafecto a la República"*. Depois, acabou com a república, desencadeando uma guerra civil que afogou a Espanha em sangue (alegando: *"no hay redención sin sangre"*). Sem o apoio maciço que lhe deram Hitler e Mussolini, Franco não poderia ter vencido a guerra que moveu contra a república. Quando o marechal De Bono lhe entregou o colar da Ordem della Annunziata, que Mussolini lhe enviara, Franco agradecera, referindo-se a *"la afinidad de nuestros credos"* (outubro de 1941). E, quando, começada a guerra, Hitler o pressionara no sentido de ajudar os países do Eixo, seus protetores, Franco escreveu ao *Fuehrer* uma carta (26/2/1942) na qual dizia: *"Estoy por completo a su lado, a su entera disposición y unido en un común destino histórico, cuya deserción significaría mi suicídio y el de la causa que he representado y conducido en*

España. No necesito reiterarle mi fe en el triunfo de su Causa, repitiendo que seré siempre un leal seguidor de la misma".[85] No entanto, apesar das palavras expressarem uma ardente solidariedade, o *caudillo* cometeu sua segunda grande traição: limitou-se a enviar um punhado de soldados espanhóis (a "Divisão Azul") para lutarem na frente oriental, contra a União Soviética, sob o comando dos alemães. Mas se absteve, prudentemente, de entrar realmente na guerra.[86]

Terminada a guerra, em 1945, derrotados Hitler e Mussolini, Salazar e Franco puseram-se imediatamente a manobrar no sentido de assegurar a sobrevivência de seus respectivos regimes, aproveitando-se do fato de não se terem envolvido na guerra. Salazar rebatizou seu "Estado Novo" como "democracia orgânica", dispôs-se a encenar a farsa de eleições políticas no seu país e conseguiu, em 1949, ingressar na Otan (Organização do Tratado do Atlântico Norte), recebendo ajuda estadunidense de mais de 50 milhões de dólares, então, através do Plano Marshall.[87] Para Franco, as coisas não eram tão fáceis: por força de suas ligações com o *Duce* e o *Fuehrer,* ele se viu, no final da guerra, isolado e submetido a um bloqueio por parte da maioria dos países que integravam a ONU. Mas em outubro de 1950, os Estados Unidos conseguiram da ONU uma resolução que suspendia o bloqueio e, em setembro de 1953, firmaram com Franco um acordo que lhes permitiu construírem bases militares

---

[85] Citações extraídas de *El pequeno libro pardo del general,* ed. Ruedo Ibérico, Paris, 1972.

[86] O que é interessante é ver como, depois dessas duas traições, o *caudillo* ainda é capaz de dizer, com absoluta tranquilidade: *"todos sabéis de sobra como he venido cumpliendo siempre mi palabra"* (Discurso, 12/12/1966).

[87] Em 27 de outubro de 1938, Salazar prestava homenagem ao "gênio político" de Mussolini (*Discursos e notas políticas,* vol. III, Coimbra Editora, p. 105). Antes disso, já havia dito às forças colonialistas portuguesas que, na África, tratassem de "organizar cada vez mais eficazmente e melhor a proteção das raças inferiores" (*Discursos...,* vol. I, p. 241). Durante os anos em que recebeu os dólares do Plano Marshall, foi mais discreto. Porém, mais tarde voltou a manifestar sua admiração pela obra "moralizadora" de Mussolini (*Salazar,* Jacques Ploncard D'Assac, ed. La Table Ronde, Paris, 1967).

em território espanhol. Em abril de 1956, recebendo o ministro do Exterior da Espanha em Washington, John Foster Dulles elogiou a contribuição da Espanha para a defesa do *mundo livre*. Incentivado por tanta "compreensão", Franco passou a sustentar: *"En España no existe una dictadura"* (entrevista com Hearst Jr., 1961). *"Somos el baluarte más firme de todo Occidente"* (Discurso de 28/5/1962). E: *"Yo desafío a que nos presente un país tan solo en el mundo que pueda ofrecer una muestra más clara, más firme y más leal de la democracia"* (Discurso de 17/9/1962).

A desenvoltura do *caudillo* só conseguia, porém, impressionar a *extrema* direita. Nos meios conservadores-liberais, ela causava certo constrangimento. E contribuía para desacreditar as abordagens do fascismo baseadas no conceito de "totalitarismo".

VII

Paralelamente à interpretação do fascismo baseada na teoria do "totalitarismo", desenvolviam-se, entre autores não marxistas, outras concepções, menos influentes, que aproveitavam, muitas vezes, velhas teses apresentadas para explicar o fascismo em sua época "clássica". Por exemplo, Seymour Martin Lipset retoma[88] de Rudolf Heberle uma visão do fascismo[89] que Heberle, por sua vez, teria encontrado numa série de artigos que Paul Sering dedicara ao tema de 1935-1936,[90] isto é, torna a lançar em circulação a ideia de que o fascismo (como, de maneira geral, todos os "extremismos") seria uma expressão dos descontentes e dos psicologicamente desenraizados, das frustrações pessoais, dos seres socialmente isolados, dos economicamente inseguros, dos indivíduos incultos, estúpidos e autoritários das diversas classes e camadas da sociedade.

Entre a formulação original de Paul Sering (pseudônimo do social-democrata Richard Löwenthal) e a de Martin Lipset, entretanto, há uma diferença que não pode ser desprezada: Sering, como marxista, não viu na sua tese da "comunidade dos falidos"

---

[88] "Der 'Faschismus', die Linke, die Rechte und die Mitte", artigo publicado no *Kölner Zeitschrift für Soziologie und Sozialpsychologie,* 1959.
[89] *From democracy to nazism,* Louisiana State University Press, 1945.
[90] Cf. final do capítulo VIII da 2ª parte do presente livro.

nenhum motivo para abandonar a discussão em torno da *classe social* que, em última análise, estaria por trás do fenômeno do fascismo. Em nenhum momento lhe passou pela cabeça "inocentar" o grande capital na gênese dos regimes de Hitler e de Mussolini. Martin Lipset, porém, segue outro caminho: reassume, juntamente com a ideia da "comunidade dos falidos", a tese do *caráter pequeno-burguês* do fascismo. De acordo com o esquema proposto pelo sociólogo estadunidense, existiriam três tipos de movimentos *extremistas* de massas: o comunismo (apoiado no operariado), o autoritarismo tradicional (apoiado nas classes "altas") e o fascismo (apoiado nas classes "médias"). O autoritarismo tradicional seria a verdadeira expressão do "extremismo de direita": poderia ser encontrado no regime de Salazar, em Portugal, nos regimes de Horthy e Dolfuss, na Hungria e na Áustria, bem como nos movimentos monarquistas. No plano mundial, atualmente, o "extremismo de direita" não apresentaria, portanto, risco maior para a *democracia representativa*.

Implicitamente, Lipset propõe a mobilização dos "democratas" contra os movimentos "extremistas" das "classes médias" e do proletariado. O mínimo que se pode dizer desses valores "democráticos" é que eles são bem estranhos: representam uma "democracia" que se define numa atitude de acentuada desconfiança ante a esmagadora maioria da população (constituída pelo proletariado e pelas "classes médias") e ignora a existência do grande capital, reduzindo a ação dos poderosos interesses conservadores atuantes em nossa sociedade à presença de uns tantos grupos *passadistas* insignificantes. A enfatização do "primarismo" da consciência das massas por Lipset sugere, aliás, que o sociólogo estadunidense apreciaria, mesmo, uma *democracia sem povo*... E esse ideal de uma democracia sem povo ainda aparece mais claramente em William Kornhauer, que combina ecleticamente a linha de Lipset, a teoria do "totalitarismo" e as velhas posições apaixonadamente antipopulares de Emil Lederer (*The state of the masses,* 1940), para concluir, afinal, que o fascismo, como todas as formas de "totalitarismo", não passaria de um movimento das *camadas inferiores da sociedade*.⁹¹ Se as elites não se descuidassem e soubessem sempre controlar os impulsos "totalitários" vindos "de baixo", a história não estaria pontilhada de episódios fascistas e/ou socialistas. Christian K. Werner explica a ascensão de Hitler ao poder na Alemanha em função da falta de energia repressiva do governo: "A República de Weimar caiu, afinal, porque era tolerante demais" (*dass sie zu tolerant war*).⁹²

Ao lado do relançamento de teses como a do fascismo-comunidade-dos-falidos, ou como a do caráter pequeno-burguês do fascismo, ou como a do fascismo-insurreição-dos-plebeus ou revolta-da-classe-média, reativou-se, nos últimos tempos, o interesse por duas antigas interpretações do fascismo, desenvolvidas no final dos anos de 1920: pela tese do fascismo-militarismo e pela tese do fascismo-bonapartismo. A primeira foi formulada pela primeira vez, de maneira consequente, pelo crítico liberal M. J. Bonn, em 1928. Bonn encara o militarismo como um *sistema político*,⁹³ que encarnaria, por sua própria natureza, a *contraposição ao parlamentarismo*,⁹⁴ já que nesse último o bom funcionamento do sistema depende do debate e do confronto de posições diversas, ao passo que a disciplina essencial ao primeiro exige um rigoroso controle das controvérsias. Para Bonn, o fascismo, convencido de que a nação se acha em um período de crise aguda, exige *militarização da vida política* e a *supressão do parlamentarismo*.

A observação é inegavelmente correta e ajuda a explicar um aspecto essencial da *forma* do fascismo: o regime fascista depende

---

⁹¹ *The politics of mass society*, W. Kornhauer, Londres, 1960. Uma boa refutação da tese de Kornhauer se encontra em Gesellschaftlich *Ursprünge des faschismus*, M. Clemenz, Frankfurt, 1972.
⁹² *Rechts-links. Bemerkungen über den politischen Radikalismus in Deutschland*, Bad Godesberg, 1963, p. 6.
⁹³ *Internationaler faschismus*, C. Landauer, H. Honegger e outros, ed. Braun, Karlsruhe, 1928, p. 142.
⁹⁴ *Internationaler faschismus*, op. cit., p. 137.

de um aparelho repressivo tão amplo que pressupõe, de fato, a militarização da atividade policial, e implica uma tendência interna ao policiamento militar de todos os aspectos significativos da vida do país. *Não há fascismo sem apoio militar.* Mas é impossível esclarecer os problemas do *conteúdo* a partir da *forma*. Por imprescindível que seja o apoio militar a um governo, seria insensato pretender ver nas Forças Armadas o *suporte social* capaz de manter o sistema em funcionamento. Uma sociedade pressupõe uma determinada estrutura, um determinado modo de produzir e consumir: as Forças Armadas não podem substituir as forças produtivas, nem podem ocupar o lugar de uma classe social na transformação das relações de produção. Um processo inflacionário, uma depressão econômica, uma crise no mercado não são problemas que possam ser resolvidos por deslocamentos de tropas. Como dizia Talleyrand, é possível conseguir muitas coisas com as baionetas, mas não é possível ficar sentado em cima delas. Os limites da concepção de M. J. Bonn (e de seus simpatizantes modernos) se acham no fato de que ela ignora sistematicamente a *dependência* em que se encontram os militares ante as *classes sociais,* quando se trata de encaminhar uma solução para os *problemas da produção e da economia, em geral.*

A tese do fascismo como uma modalidade de bonapartismo foi elaborada por August Thalheimer ao longo dos anos 1920. Juntamente com Heinrich Brandler, Thalheimer liderou no interior do PC alemão um *grupo* que, acusado de desvio de direita, foi expulso do partido em 1928. O artigo em que ele expôs mais explicitamente sua concepção do fascismo saiu na revista *Gegen den Strom* ("Contra a corrente"), em Berlim, em 1930. Marx havia explicado o golpe de Estado de Louis Bonaparte como decorrência de uma situação de crise, na qual as classes sociais, desgastadas na luta, acabavam por curvar-se às pressões de um governo militar que, desfrutando das circunstâncias, podia ter certo desembaraço em seus movimentos e promovia o atendimento conciliatório às exigências diversas dos diferentes setores das classes dominantes. Thalheimer tentou caracterizar o fascismo como um fenômeno análogo ao bonapartismo.

E, em 1969, numa série de debates sobre o fascismo organizada na Universidade de Colônia, Gert Schäfer retomou a interpretação de Thalheimer, em polêmica com a tese de Dimitrov, sustentando a existência no fascismo de uma "estrutura de compromisso" que levava o Estado a acolher direções políticas que pouco ou nada teriam a ver com os interesses e a *racionalização* do capitalismo.[95] O equívoco básico de Schäfer, como observou Reinhard Opitz,[96] está no fato de ele ter se fixado num modelo "puro" de capitalismo, calcado sobre a imagem do capitalismo liberal, passando então a considerar "estranha" ao capitalismo a política posta em prática por Hitler e Mussolini, sem perceber que essa política correspondia, *no essencial,* aos interesses específicos do *capitalismo monopolista de Estado,* nas condições específicas da Alemanha e da Itália, ao longo dos anos de 1920 e 1930.

A necessidade em que se viu Gert Schäfer de exumar a tese do fascismo-bonapartismo de Thalheimer para explicar aspectos aparentemente *irracionais* (em termos capitalistas) da política de Hitler e de Mussolini talvez esteja igualmente ligada a uma falsa compreensão da interpretação marxista das relações entre a política e a economia. Se a política fosse um mero apêndice da economia, se todas as ações políticas se deixassem reduzir diretamente a determinados interesses econômicos imediatos, não existiria nos quadros da burguesia uma divisão do trabalho entre o empresário e o político (afinal, há numerosos empresários que não se dedicam à política e há numerosos políticos *burgueses* que não são empresários). Portanto, o marxismo não subestima a "criatividade" específica da esfera política. Mas, quando uma interpretação se fixa em alguns

---

[95] "Oekonomische Bedingungen des faschismus", em *Ist die epoche des faschismus beendet?,* etd. Melzer, Frankfurt-Main, 1971.
[96] "Ueber faschismustheorien und ihre konsequenzen", em *Blaetter für deutsche und Internationale Politik* nº 12, de 1970.

aspectos "criativos" da política fascista para pretender descaracterizar o conteúdo de classe do fascismo, ou para descrever o fascismo como o "domínio de um grupo que corporifica o primado do político sobre o econômico",[97] semelhante interpretação assume um caráter nitidamente antimarxista, contribui objetivamente para inocentar o capital financeiro na gênese de fenômenos tipo Mussolini e Hitler, e – ainda por cima – acolhe uma ideia muito cara aos dois falecidos ditadores, que sempre se empenharam em disfarçar o conteúdo de classe da política que punham em prática, enfatizando exatamente o *primado do político sobre o econômico*.[98]

---

[97] A frase é de Heinrich A. Winkler, *Mittelstand, Demokratie und Nationalsozialismus*, Köln, 1972, p. 180. Mas a ideia nela exposta parece ter encontrado certo eco nas posições de um autor que se proclama marxista: Tim Mason. Cf. "Der Primat der Politik", Tim Mason, *Das Argument* n° 41, e a crítica que lhe faz Eberhard Czichon em *Das Argument* n° 47: "Der Primat der Industrie im Kartell der nationalso-Nalistischen Macht".

[98] Para eles, uma versão do primado do espiritual sobre o material.

VIII

Nos últimos anos, alguns autores, mais ou menos desencantados com o tema do "totalitarismo", passaram a se ocupar mais intensivamente das relações entre o fascismo e o crescimento econômico das "sociedades industriais". A questão que colocam e para a qual buscam uma resposta "científica" é: o fascismo contribui ou não para o avanço da industrialização? H. A. Turner Jr.[99] e David Schoenbaum[100] respondem que não e sustentam a existência de certa incompatibilidade entre o fascismo e a promoção do crescimento industrial; P. F. Drucker[101] e Bossenbrook,[102] ao contrário, veem nas ditaduras fascistas uma inegável capacidade para acelerar o processo de industrialização.

A expressão "sociedade industrial", usada por esses autores, presta-se a algumas confusões. É impossível avaliar corretamente as relações de um movimento político com *qualquer* processo social (inclusive com um processo econômico fazendo abstração

---

[99] *Faschismus und Kapitalismus in Deutschland*, Göttingen, 1972. Turner caracteriza o fascismo como "uma forma utópica do antimodernismo" (p. 163).
[100] *Die braune Revolution*, Frankfurt e Zürich, 1970. Schoenbaum afirma que os fascistas estavam decididos a "destruir a ferro e fogo os fundamentos da sociedade industrial" (p. 153).
[101] *Die Zukunft der Industriegesellschaft*, Dusseldorf e Viena, 1967.
[102] *The German Mind*, Detroit, 1971.

dos problemas ligados à transformação *qualitativa* das sociedades e fixando-se, unilateralmente, em meras progressões *quantitativas*). Ou a industrialização se realiza num processo de reorganização *socialista* da sociedade, ou se realiza no bojo de uma opção *capitalista*, que não pode deixar de aprofundar as *contradições internas* da sociedade e de afetar negativamente a qualidade da vida dos seres humanos na sociedade em questão. A fraqueza dos autores que acabamos de mencionar se acha na disposição deles de evitar a discussão das consequências da industrialização *num sistema de tipo capitalista*.

Dessa fraqueza não padecem outros autores, cujas ideias exerceram grande influência no movimento estudantil da segunda metade dos anos de 1960 e cujos nomes ainda hoje reaparecem sempre nas discussões a respeito do fascismo e do capitalismo em geral: Theodor W. Adorno, Max Horkheimer, Erich Fromm, Herbert Marcuse e Wilhelm Reich. Uma resoluta tomada de posição anticapitalista permite a esses autores submeter a uma interessante crítica *desmitificadora* alguns dos mecanismos de que se serve a ideologia das classes dominantes, no capitalismo, para continuar sendo a ideologia dominante.

IX

Wilhelm Reich foi, nos anos de 1920, um pioneiro dos estudos voltados para uma síntese do marxismo e da psicanálise. Como militante político, participou das lutas que precederam a ascensão de Hitler ao poder e viu na derrota dos comunistas a confirmação de algumas das suas mais dolorosas apreensões: os marxistas tinham uma visão simplista do processo de estruturação da consciência e subestimavam a significação das influências dos fatores irracionais na conduta dos homens. Reich buscou em Freud os elementos de que precisava para corrigir as "insuficiências" de Marx. Marx, disse Reich, era sociólogo, e não psicólogo.[103] Isso é compreensível, pois no tempo de Marx a psicologia ainda não havia alcançado um *status* de ciência, coisa que só viria a ocorrer com Freud, graças ao qual ela se transformou numa *ciência natural*.[104] A psicologia de Freud, como ciência natural, com sua teoria do *inconsciente*, com sua concepção da *libido*, com sua interpretação do *complexo de Édipo* e com suas teses sobre as *inibições*, serviu a Reich para elaborar sua *economia sexual*, cujos fundamentos "sociológicos" viriam de Marx e cujos fundamentos "psicológicos" viriam de Freud.[105]

---

[103] *Massenpsychologie des Faschismus*, ed. Junius, Frankfurt, 1972, reprodução da edição Verlag für Sexual-politik, Copenhague, 1933, p. 43.
[104] *Idem*, p. 44.
[105] *Idem*, p. 47.

Insurgindo-se contra versões "economicistas", empobrecedoras do marxismo, Reich teve o mérito de chamar a atenção para aspectos socioculturais importantes que os marxistas deixavam muitas vezes de lado quando se dispunham a analisar a difusão do fascismo. Reich fez observações interessantes, por exemplo, sobre as tradições educacionais fortemente repressivas da sociedade burguesa e sobre o papel que essa educação desempenhava na formação de indivíduos dóceis, recalcados, sem espírito crítico, fáceis de recrutar para as fileiras das organizações fascistas, onde lhes era proporcionada a chance compensadora de se "identificarem" com a personalidade enérgica do "chefe". O sentido "antiautoritário" do pensamento de Reich assegurou-lhe grande interesse aos olhos dos estudantes rebelados de maio de 1968, na França.

Reich foi vítima de um equívoco de tipo neopositivista: ele buscou em Freud uma psicologia que, para poder ser "científica", estava concebida como uma "ciência natural". A visão do ser humano proporcionada por uma "ciência natural" limita-se necessariamente aos aspectos naturais e orgânicos da vida dos indivíduos, estorvando a compreensão daquilo que neles é *essencialmente social*. Ao contrário do que supunha Reich, Marx não era um mero sociólogo: era um *filósofo* que, por força de sua concepção peculiar da essência do ser humano, teorizava sobre a economia, sobre a história, sobre a sociedade, sobre a política. A concepção marxista do homem não pode ignorar o alcance dos fenômenos irracionais, provenientes da esfera biológica, nas elaborações da consciência, nos movimentos da ideologia; mas ela exige, também, que não percamos de vista a lógica que o social apresenta em sua manifestação política. Reich tinha uma compreensão deficiente do político. Fixando sua atenção na "patologia" das massas pequeno-burguesas alemãs e exagerando os efeitos que sobre elas produzia o símbolo da cruz gamada, Reich foi levado a desconhecer a extensão do papel desempenhado pelo capital financeiro. Sentindo-se isolado no interior do movimen-

INTRODUÇÃO AO FASCISMO | 143

to socialista, Reich foi para os Estados Unidos e praticamente renunciou a toda e qualquer atividade política (especificamente política) significativa.[106]

---

[106] Freud, ao contrário de Reich, nunca teve experiência alguma no campo da atividade política. Sua ingenuidade política chegou ao ponto de ele ter dedicado um exemplar de um livro seu a Mussolini, no começo dos anos de 1930, homenageando os "serviços prestados à cultura" pelo ditador italiano (patrocinando escavações arqueológicas). A falta de experiência política explica que Freud tenha se interessado tão pouco pelo marxismo e tenha escrito tolices a respeito do pensamento de Marx e Engels. No final de sua vida, porém, o extraordinário cientista que era Freud parece ter se dado conta do seu equívoco. Ernst Jones, em sua documentada biografia do criador da psicanálise, transcreve uma carta de Freud (de 1937) na qual este diz: "Sei que os meus comentários sobre o marxismo não mostram nem um conhecimento profundo nem uma compreensão exata dos escritos de Marx e de Engels. Soube, mais tarde, com certa satisfação que nenhum dos dois negou a influência dos fatores do Ego e do Superego. Isso desfaz o principal contraste que eu julgava existir entre o marxismo e a psicanálise" (*Vita e Opere di Freud,* ed. Il Saggiatore, Milano, 1966, vol. 3, p. 408).

X

Mais decisivamente ainda do que por Wilhelm Reich, os aspectos socioculturais importantes que os marxistas haviam subestimado na análise do fascismo em ascensão foram abordados pelos pensadores da chamada "Escola de Frankfurt", especialmente por Max Horkheimer e por Theodor W. Adorno. Reich havia investido contra a educação burguesa, autoritária, repressiva; Adorno e Horkheimer dispuseram--se a examinar criticamente a estrutura familiar burguesa, patriarcal, elucidando a função que ela tinha tido na preparação de uma aceitação do fascismo por parte de muita gente.[107]

Mas os filósofos da "Escola de Frankfurt" não se limitaram à análise crítica do papel desempenhado pela estrutura familiar burguesa na formação dos quadros fascistas: promoveram, também, uma ampla discussão sobre os mecanismos de deformação ideológica acionados pela sociedade capitalista. Para desenvolverem suas interpretações dos fenômenos ligados a tais mecanismos, Adorno e Horkheimer (e, em certa medida, também Herbert Marcuse, Erich Fromm e outros) aproveitaram algumas ideias de Marx e alguns conceitos de um livro publicado por Lukács em 1923: *História e consciência de classe.*

---

[107] Além dos artigos publicados sob a responsabilidade de Horkheimer em *Autorität und Familie* (ed. Alcan, Paris, 1936), há uma grande quantidade de material sobre o tema nas edições da *Zeitschrift für Sozialforschung,* ao longo dos anos de 1930.

Na economia política de Marx, esses filósofos se interessaram menos pela análise do processo de *produção* do que pelas observações relativas à esfera da *circulação* das mercadorias. Do primeiro volume de *O capital*, quase que só conservaram e aproveitaram o capítulo do "fetichismo da mercadoria"; *História e consciência de classe*, de Lukács, por outro lado, levou-os a um esforço apaixonado no sentido de elaborarem um pensamento *radicalmente historicista*, capaz de superar a aparência de *coisa* que a ideologia burguesa atribui às relações essencialmente dinâmicas dos seres humanos entre si (a *reificação*).[108]

Na época em que escreveu *História e consciência de classe*, Lukács vinha de algumas experiências políticas intensamente vividas, mas insuficientemente amplas, e além disso mal sedimentadas. Seus horizontes de comunista neófito estavam marcados por certo *voluntarismo*, que o levava a subestimar a força material dos obstáculos sociais com que a ação revolucionária precisava se defrontar. Seu pensamento carecia de um nervo materialista mais robusto e tendia a exagerar o papel do sujeito humano, atribuindo-lhe poderes quase miraculosos na transformação da sociedade e minimizando os recursos de que dispunham as classes empenhadas na resistência contra o socialismo. Uma assimilação precipitada da reabilitação da subjetividade e da iniciativa revolucionária, realizada por Lenin, na prática (desmoralizando os esquemas social-democratas, que levavam a uma atitude de espera passiva do amadurecimento das contradições sociais), levou Lukács a acolher ilusões *idealistas* (que Lenin soubera evitar).

---

[108] No artigo que publicou em 1930 na revista *Die Gesellschaft* (Zum Problem der Dialektik), Herbert Marcuse defende *História e consciência de classe* contra as críticas que o filósofo social-democrata Siegfried Marck fizera ao livro (considerando-o "metafísico"); mas – sintomaticamente – admite que num ponto Marck tinha razão: ao afirmar a existência de uma "consciência de classe correta", por oposição a uma "falsa", Lukács teria deixado de ser um *historicista radical* coerente.

Posteriormente, Lukács evoluiu. Ao longo dos anos de 1920, em estreita colaboração com Josef Landler, inteirou-se mais concretamente das condições reais da luta política revolucionária. No final dos anos de 1920, após uma visita clandestina à Hungria (sob o regime fascistizante do almirante Horthy), Lukács soube avaliar a situação do país com tal *realismo* que foi levado a propor uma linha de ação política que antecipava a linha do *front populaire*, mas sua proposta (consubstanciada nas chamadas "Teses de Blum") foi derrotada. Até o final de sua vida, Lukács se manteve empenhado na luta política, embora muitas vezes se tenha visto marginalizado no interior do processo revolucionário.

No pós-guerra, quando já se iniciara a "guerra fria", Lukács publicou um livro – *A destruição da razão* (1954) – no qual fazia um balanço implacável, por vezes excessivamente rude, mas a nosso ver substancialmente justo, do uso da filosofia irracionalista na preparação do terreno para o fascismo. Nessa época, Adorno e Horkheimer desenvolviam as teses que haviam exposto em *A dialética do iluminismo,* obra conjunta que haviam lançado em 1947. Para os dois pensadores da "Escola de Frankfurt", as matrizes ideológicas do fascismo na consciência burguesa se encontravam não no irracionalismo e sim no neopositivismo, com sua capitulação diante do real, com seu pseudorracionalismo manipulatório. Na vida cultural de nossa época, Adorno e Horkheimer enxergavam quase que apenas os efeitos devastadores da manipulação dos indivíduos por parte da *indústria da cultura*. As raízes dessa manipulação se acham tão profundamente cravadas no nosso tempo que afeta a própria classe operária e se estende inclusive à política das forças socialistas "tradicionais", cujo "otimismo oficial" Adorno condena em Lukács.[109]

A retomada da lógica dialética hegeliana, em lugar de ajudar os marxistas "oficiais" a superarem as ilusões da consciência reificada,

---

[109] "Erpresste Versöhnung", *Der Monat,* nov. 1958.

fortalece-as. Adorno inverte a tese hegeliana de que *a verdade é o todo e sustenta que o todo é o falso*.[110] Lukács acusa-o, em 1963, de defender um "conformismo disfarçado de não conformismo".[111] Mas Adorno tinha, na época, bons argumentos para não se sentir atingido pela crítica: suas ideias, ao longo dos anos de 1960, vinham encontrando notável receptividade entre os estudantes rebeldes. Quando, em 1968, a contestação estudantil alcançou seu clímax em diversos países da Europa, o "marxismo ocidental" da "Escola de Frankfurt" parecia demonstrar a eficácia de seu não conformismo. Em breve, contudo, os acontecimentos desautorizavam semelhante interpretação: o teórico das potencialidades revolucionárias das explosões irracionais escandaliza-se com o comportamento politicamente irracional de alguns estudantes revoltados. Como reitor da Universidade de Frankfurt, o filósofo chega a pedir que a polícia intervenha, para pôr fim à "irracionalidade", que se tornara insuportável. Lukács tripudiou: numa entrevista à revista *Spiegel*, observou que muitos estudantes tinham aprendido com Adorno a avaliar a extensão dos males da sociedade atual e, quando tais estudantes saíram às ruas para tentar derrubar a estrutura da sociedade, Adorno deixou de ter alguma coisa para lhes dizer.[112]

De fato, independentemente de muitas observações notavelmente argutas sobre as mazelas da "sociedade contemporânea" e sobre as tendências fascistas que ela necessariamente encerra, Adorno e Horkheimer – estorvados por um *ceticismo elitista*, de consequências políticas negativas – chegavam em suas análises a um determinado ponto a partir do qual não conseguiam mais ir adiante: *o ponto onde a compreensão dos problemas passava a depender do reconhecimento da direção de sua possível solução.*

---

[110] "*Das Ganze ist das Unwahre*", escreve Adorno em *Minima moralia*, Frankfurt, 1962, p. 57.
[111] No prefácio à nova edição de *Die Theorie des Romans*, Neuwied, 1963, p. 17.
[112] *Der Spiegel* nº 17, de 1970.

CONCLUSÃO: A SITUAÇÃO ATUAL DAS CONTROVÉRSIAS EM TORNO DO FASCISMO

> "*Tem gente que só compreende a brasa quando ela entranha nas profundezas da carne.*"
> Chico Buarque de Holanda, *Fazenda Modelo*.

I

A ideia de procurar definir os traços de uma hipotética *personalidade fascista* pode servir de estímulo a úteis discussões sobre problemas educacionais do sistema capitalista, mas dificilmente nos levará a uma melhor compreensão da natureza do fascismo como movimento político.

O que caracterizaria, afinal, essa personalidade fascista? A íntima insegurança? O espírito aventureiro? O fascínio pela violência? O ódio?[113]

Na realidade, como expressão política de determinadas tendências sociais, o fascismo tem se expressado através da ação de personalidades individuais muito variadas. Hitler, por exemplo, não parece ser tão fácil de avaliar, como pessoa. Suas explosões de fúria e sua intolerância são conhecidas. Na intimidade, contudo, ele era capaz de manifestar pensamentos surpreendentes. Um oficial que o acompanhava de perto, no começo da guerra, registrou reflexões do ditador, nas quais ele acusava o cristianismo de ter criado um

---

[113] O psicanalista Bruno Bettelheim, recordando o período em que esteve internado como judeu num campo de concentração nazista e tentando explicar o fundamento da conduta dos SS, rejeita a interpretação que se baseia *essencialmente* no *sadismo* deles, com o argumento de que nunca vira um funcionário nazista "perder" seu tempo livre maltratando prisioneiros *quando não estava de serviço* (Cf. *The informed heart*).

mundo essencialmente intolerante e previa a implantação de bases para a verdadeira tolerância (em cem anos!) *através do nazismo*. "Sinto pena de, tal como Moisés, só poder ver de longe a terra prometida", suspirava o *Fuehrer*.[114] E completava sua confidência com o esclarecimento de que o nacional-socialismo, que acabaria por abrir caminho à tolerância, já era por ele, Hitler, *tolerantemente* dirigido: "Toda a minha vida não tem sido outra coisa senão um constante trabalho de persuasão [...]. Não quero forçar ninguém a aderir ao nacional-socialismo."[115]

E Mussolini, já no final da guerra, quando já não lhe restava mais nenhuma esperança, declarou numa entrevista a Maddalena Mollier que não tinha dúvida de que o mundo caminhava para o socialismo,[116] e assegurou ao jornalista Gian Gaetano Cabella: "A História me dará razão."[117]

Se levarmos demasiadamente a sério o que esses personagens pensavam de si mesmos e procurarmos, a partir do que diziam, concluir algo sobre o sentido específico dos movimentos que cada um deles liderava, estaremos nos servindo de um *método inadequado*. O fascismo tem se servido de tipos humanos bastante diversos, desde tarados sexuais como Julius Streicher até zelosos funcionários que se limitavam a cumprir disciplinadamente os seus deveres (mesmo quando esses "deveres" consistiam na liquidação de três milhões de pessoas, como se viu no caso de Rudolf Hoess, comandante do campo de concentração de Auschwitz, executado em abril de 1947, que fez questão de deixar bem claro em seu testamento que nunca tinha sido "um homem de mau coração").

As contradições e a complexidade psicológica dos indivíduos apresentam interesse *secundário*, quando se trata de avaliar a exata

---

[114] *Hitlers Tischgespräche*, Henry Picker, ed. Seewald, Stuttgart, s/d, p. 186.
[115] *Idem*, p. 156 e p. 139.
[116] *Opera Omnia*, Mussolini, vol. XXXII, p. 159: *"Non c'è dubbio che noi andiamo incontro, in modo definitivo, a un' epoca socialista"*.
[117] *Idem*, p. 195: *"La storia mi darà ragione"*.

significação da política que punham em prática. Precisamente por ter chegado a se tornar um movimento de massas, o fascismo não pode deixar de ter mobilizado (e não pode deixar de continuar a mobilizar) gente de toda espécie. Fixar unilateralmente a atenção nos indivíduos é um modo de perder de vista o social. Um daqueles casos em que, como dizia Hegel, *as árvores impedem de enxergar a floresta*.

II

Com a derrota militar, no final da guerra, o fascismo "clássico" (de Hitler e Mussolini) perdeu completamente sua base de massas. Houve uma debandada geral. Nos países que se tornaram socialistas, o fascismo foi erradicado a ferro e fogo. Nos países onde o sistema capitalista se manteve, entretanto, os fascistas começaram a buscar, pouco a pouco, novos meios para se reorganizarem. Na Itália, por exemplo, numerosos setores fascistizantes se agruparam já no segundo semestre de 1945 em torno de um comediógrafo chamado Guglielmo Giannini, que fundou um partido intitulado *partido do homem comum* ("Uomo Qualunque") e chegou a obter cerca de 1,2 milhão de votos nas eleições para a Assembleia Constituinte, em 1946. Mas o *qualunquismo* de Giannini logo se desvaneceu e alguns fascistas que tinham maior experiência política fundaram e impulsionaram o *Movimento Sociale Italiano*, que até hoje existe e atua. Depois de ter sido dirigido por Valerio Borghese (que havia sido condenado por sua atividade na repressão aos guerrilheiros, após a queda de Mussolini, e foi "perdoado" em 1949), por Augusto De Marsanich e por Arturo Michelini, sucessivamente, o MSI passou a ser comandado por Giorgio Almirante. Em aliança com os monarquistas e com outras organizações de direita, o MSI obteve quase três milhões de votos nas eleições parlamentares italianas de 1972.

Na parte da Alemanha ocupada pelas tropas estadunidenses, inglesas e francesas – a parte que depois se tornou a República Federal da Alemanha –, os nazistas encontraram em princípio alguns entraves, mas também não tardaram a perceber que o controle militar e as exigências legais da nova ordem lhes deixavam algumas brechas. Com um programa que acolhia fórmulas enfaticamente cristãs, criou-se em Hamburgo, já em 1946, o Partido da Direita Alemã (*Deutsche Rechtspartei*), que obteve em novembro de 1948 uma impressionante vitória eleitoral em Wolfsburg (cidade onde funciona a Volkswagen), obrigando as autoridades inglesas ocupantes a declarar nula a eleição da Prefeitura. O Partido da Direita Alemã, dirigido por Adolf von Thadden, sobreviveu a várias crises e sofreu forte concorrência por parte de outras organizações de extrema-direita, que o acusavam de ser muito "conciliador". Em 1964, von Thadden conseguiu promover, em Hannover, uma fusão de diversos partidos de direita, formando-se assim o Partido Nacional Democrático da Alemanha (*Nationaldemokratische Partei Deutschlands*, NPD), que se destacou pela campanha de insultos que moveu em 1972 contra o então primeiro-ministro Willy Brandt.

Tanto Almirante, na Itália, quanto von Thadden, na República Federal da Alemanha, insistem em distinguir seus respectivos partidos das organizações lideradas, no passado, por Hitler e Mussolini. Almirante proclama, patético: "O fascismo é um fenômeno histórico que agora se encontra morto e sepultado, para sempre. Queremos a democracia" (entrevista à revista *Panorama*, 3 de abril de 1975). Mas ninguém se iluda, todos percebem o artifício, imposto pelas circunstâncias da época atual. O desgaste sofrido pelo *fascio littorio* e pela cruz gamada em 1945 desaconselha a exumação de tais símbolos; a gesticulação frenética de Hitler e Mussolini não teria agora a mesma eficácia que teve há 40 anos, seus discípulos se empenham por isso na busca de um estilo novo, mais "sóbrio", mais "tecnocrático". Giorgio Almirante teria, inclusive, chegado a dizer, certa feita: *"Noi siamo il fascismo che non gesticola."*[118] Em sua maioria, aliás, os fascistas inteligentes preferiram, na Alemanha, renunciar à militância em organizações demasiado presas ao modelo fascista "clássico": muitos deles ingressaram em partidos conservadores "respeitáveis". O italiano Almirante ainda conseguiu certo êxito com o seu MSI, mas o alemão von Thadden não conseguiu arregimentar muita gente: a massa da direita, na RFA, preferia apoiar políticos como Alfred Dregger, da *União Democrata-Cristã*, ou Franz Josef Strauss, da *União Social-Cristã*.

A adesão aos partidos conservadores "respeitáveis" exigia certa metamorfose nos antigos militantes nazistas, que precisaram se adaptar a uma nova perspectiva. Mas alguns desses militantes trataram logo de explicar aos demais que a mudança não era tão grande assim. Um exemplo: Warhold Drascher. Nos tempos de Hitler, Drascher era um dos responsáveis pela propaganda colonialista na área da política exterior do Terceiro *Reich*. Em 1960, já "adaptado" à política da democracia-cristã (e procurando prestar-lhe sua colaboração na mesma esfera das relações internacionais em que se especializara quando era nazista), Drascher esclarecia aos seus antigos companheiros: "Não é o objetivo final e sim apenas os métodos que podem levar-nos a alcançá-lo que precisam ser mudados."[119]

No interior dos partidos conservadores "respeitáveis", por sua vez, os líderes da direita procuram demonstrar aos que não romperam com os velhos ideais fascistas que, modificados os métodos, eles podem contar com uma posição implacavelmente firme ante o comunismo na defesa dos pontos essenciais do programa bási-

---

[118] Cit. por Giuseppe Gaddi, *Neofascismo in Europa*, ed. La Pietra, Milano, 1974, p. 21.
[119] *Schuld der Weissen? Spätzeit des Kolonialismus*, W. Drascher, Tübinger, 1960, p. 219: *"Nicht das Endziel, sondern nur die Methoden, die dahin führen können, müssen geünder werden".*

co da reação. Quando Willy Brandt começou a encaminhar uma política voltada para a normalização das relações da RFA com os países socialistas, Franz Josef Strauss investiu contra ele e disse com franqueza a seus eleitores: "Prefiro ser um guerreiro da guerra fria a ser um irmãozinho afetuoso."[120]

---

[120] *"Ich will lieber ein kalter Krieger sein als ein warmer Bruder."* Strauss, em *Die Welt*, 1/1/1971.

III

Mal a poeira do combate que levara à derrota de Hitler e Mussolini começou a baixar, as grandes organizações conservadoras que não haviam acompanhado os dois ditadores na aventura da guerra puseram-se a deslocar-se para a direita. O clima de tensão da guerra fria facilitou esse deslocamento. A *União Democrata--Cristã,* da República Federal da Alemanha, ainda acolhia em seu programa, em 1947, medidas antimonopolistas e até socializantes: nos anos seguintes, o programa foi reformulado e esses pontos foram abandonados. A guinada da União Democrata-Cristã para a direita correspondia a condições sociais tão imperativas que arrastou, no mesmo movimento, o *Partido Social-Democrático*, que tinha sido, no século 19, o partido de Marx e Engels, e ainda no princípio do século 20 fora o partido de Rosa Luxemburg; mas, em 1959, foi levado a *repudiar explicitamente o marxismo.*

A evolução dos partidos conservadores "respeitáveis" para a direita agravava, por um lado, as dificuldades das organizações fascistas "clássicas", apropriando-se das massas que essas organizações poderiam pretender mobilizar (e isso pode nos ajudar a compreender por que o partido de von Thadden não conseguiu crescer significativamente). Por outro lado, contudo, semelhante evolução abria caminho para uma *assimilação de certos aspectos essenciais do fascismo por parte do conservadorismo tradicional.* Para ser efetivamente "assimilado", o fascismo precisava deixar-se "transformar", renunciando ao que nele se mostrava "superado"; e, para conseguir "assimilar" verdadeiramente as energias do fascismo, o conservadorismo tradicional era levado a se "fascistizar", dentro de certos limites.[121] As exigências de *flexibilidade* ligadas e esse processo proporcionaram certa "reabilitação" para determinadas formas "impuras" de fascismo, como o regime de Dolfuss, na Áustria, o regime de Franco, na Espanha, e o regime de Salazar, em Portugal. O *ecletismo* característico desses três regimes levara os analistas do fascismo a desprezá-los, a encará-los como meros produtos de circunstâncias regionais, ignorando as implicações universais (ou, melhor dito: histórico-mundiais) que eles tinham. Em todos esses três regimes, havia-se renunciado à mobilização agressiva das massas, ao fortalecimento do partido único, à demagogia *reformista*, e se havia tentado um acordo com o conservadorismo tradicional, com a Igreja e com as Forças Armadas. Na Hungria de Horthy, a conciliação tinha ido tão longe que, durante um determinado período, o princípio do partido único fora abandonado e chegara a ser permitido o funcionamento de *mais de um partido*. Mas o estudo dessas formas "impuras" de fascismo não indica nenhuma solução válida para os problemas com que se defrontam, hoje, as forças *neofascistas*. A Igreja Católica, na qual o austríaco Dolfuss se apoiou, não é mais a Igreja de Pio XI nem a de Pio XII: nas condições atuais, dificilmente ela se disporia a apoiar qualquer tipo de *clerical-fascismo*. O fascismo oportunista de Horthy não o dispensou de participar da

---

[121] Esses limites são impostos pela irredutível inconveniência de uma *identificação* da direita, em bloco, com o fascismo. Mas a fixação deles depende das condições históricas particulares, nacionais, em que a direita atua. Almirante, na Itália, aproveitou-se da situação criada pela existência no país de um partido comunista poderoso, que impede a democracia-cristã de se arriscar a uma guinada para a direita. Na RFA, ao contrário, o PC é fraco, não constitui ameaça nenhuma: os limites do deslocamento da democracia-cristã para a direita dependem apenas das pressões, mais suaves, de um partido "centrista", que é o Partido Social-Democrático.

guerra mundial do lado de Hitler e, por conseguinte, acabou levando à Hungria socialista de hoje. O fascismo de Salazar, laboriosamente montado e atualizado ao longo de várias décadas, parecia eterno, mas desabou fragorosamente em 25 de abril de 1974. O fascismo de Franco chegou ao fim.

Ao que parece, os possíveis modelos de um regime fascista, neofascista ou fascistoide, nas condições atuais, não poderão ser desencavados do passado: precisarão ser inventados. Os setores mais reacionários do capital financeiro alemão se empenham laboriosamente na estruturação e no aperfeiçoamento do *capitalismo monopolista de Estado* e tratam de empurrar os grandes partidos conservadores ainda mais para a direita, mas parece que *suas tentações fascistas permanecem em estado difuso*. Nos Estados Unidos, na França e na Inglaterra, também não se pode dizer que existam projetos maduros e definidos para uma opção fascista ou fascistoide consequente: os centros mais influentes da direita vêm optando pelo *gradualismo,* pelas pressões no sentido de que o aparelho do Estado seja melhor utilizado – tal como existe, ou então submetido a pequenas reformas – na repressão e neutralização (ou aniquilamento) da esquerda.

Se essa é a situação nos países mais desenvolvidos do mundo capitalista, porém, o quadro apresentado por diversas outras nações, situadas na periferia do sistema, já é completamente diferente. Na Coreia do Sul, por exemplo, está implantado um regime fascista quase "clássico". No Chile, após a insurreição que derrubou o governo de Salvador Allende, estabeleceu-se um regime cuja fisionomia dispensa comentários. Numerosos cientistas sociais já assinalaram, também, na história dos últimos anos, a desenvolta manifestação e decisiva influência de tendências fascistas ou fascistoides no Irã, na Indonésia, na Argentina (especialmente após a morte de Perón), na Grécia (entre 1967 e 1974) e – *hélas!* – no Brasil. Pode-se não endossar a avaliação que esses cientistas sociais fazem da situação política em cada um dos países citados, pode-se admitir que em alguns casos haja exagero no emprego do adjetivo *fascista*, mas não se pode deixar de reconhecer que é *sintomática* a *preocupação* expressada por tais cientistas: caso não houvesse *nenhum fundamento*, seria difícil que semelhante preocupação se manifestasse tão amplamente e alcançasse tão vasta repercussão.

IV

Na origem das apreensões com que são registradas as pressões políticas empenhadas em uma *radicalização dos deslocamentos para a direita*, acha-se a consciência de que a amplitude com que tais pressões se manifestam não é casual: corresponde à profundidade das exigências dos *setores mais reacionários do capital financeiro*, aqueles mesmos setores que em última análise promoveram o fascismo "clássico" e que, nas condições atuais do sistema imperialista, *continuam a necessitar de uma política tendencialmente fascista para defender o capitalismo monopolista de Estado*.

Quando John Maynard Keynes se insurgiu contra a ideologia do "capitalismo liberal", em 1926, e preconizou uma "nova mentalidade" que levasse os capitalistas a encarar os problemas de uma "ação social" em lugar de se encastelarem no otimismo ingênuo do *"laissez-faire"*, ele ainda encontrou pouco eco, embora a guerra de 1914-1918 já tivesse mostrado na prática que – para usar palavras do próprio Keynes – havia *uma mudança no ar*.[122] E quando numerosos defensores do sistema capitalista se sentiram perplexos

---

[122] *The end of Laissez-Faire*, ed. Hogarth, London, 1926: "Sugerir ação social para o bem público à *City* de Londres é como discutir a *Origem das espécies* com um bispo há 60 anos atrás. A primeira reação não é intelectual e sim moral. Uma ortodoxia está em questão: e quanto mais convincentes são os argumentos tanto maior é a ofensa" (p. 38). Cf. também p. 5: *"a change is in the air"*.

e angustiados ante a crise de 1929, o conservadorismo inteligente de Keynes levou-o a sustentar que se tratava apenas de uma *crise de transição*, da passagem de um período a outro na evolução natural do capitalismo. Ele escreveu: "Não estamos sofrendo de reumatismo decorrente da velhice e sim das dores-de-crescimento de mudanças demasiado rápidas, do reajustamento doloroso entre um período econômico e o outro".[123]

Keynes se abstinha explicitamente de atribuir *qualidade moral* ao sistema capitalista. O comunismo, que ele encarava como uma *religião nova* e que causava acentuada repugnância à sua sensibilidade de lorde,[124] parecia-lhe ter sobre o capitalismo certas vantagens morais inegáveis, levando os cidadãos a encararem mais seriamente os problemas da *comunidade*. Para compensar as desvantagens morais, o capitalismo precisava mostrar uma esmagadora superioridade no terreno da *eficiência econômica:* "O capitalismo moderno é absolutamente irreligioso, sem união interna, sem muito espírito público (...) Tal sistema precisa ser imensamente – e não apenas moderadamente – bem sucedido para sobreviver."[125] Keynes dedicou-se a fundo ao esforço de esclarecer as direções que o capitalismo precisaria seguir, em sua autorrenovação, para alcançar

---

[123] "Economic possibilities for our grandchildren", 1930. *In: Collected Writings of John Maynard Keynes,* vol. IX (*Essays in Persuasion*), ed. Macmillan, London, 1972, p. 321.

[124] Depois de ter visitado a União Soviética, Keynes escreveu, em 1925: "Como posso adotar um credo que prefere a lama ao peixe, que exalta o proletariado grosseiro, colocando-o acima do burguês e da *intelligentsia,* os quais, quaisquer que sejam seus erros, são a qualidade na vida e representam seguramente as sementes de todo e qualquer avanço humano?" (*Collected Writings...* vol. IX, *op. cit.,* p. 258).

[125] *Collected Writings...* vol. IX, *op. cit.,* p. 267, Keynes ainda continua, na página seguinte, a discorrer sobre o capitalismo, dizendo: "Como um meio, ele é tolerável; como fim, não é tão satisfatório assim. Começa-se a se perguntar se as vantagens materiais de manter a atividade dos negócios e a religião em compartimentos diferentes são vantagens suficientes para compensar as desvantagens morais".

a indispensável eficiência econômica. Os problemas colocados por semelhante autorrenovação eram reconhecidamente delicados; sua solução dependeria de uma direção política forte e razoável, cujo discernimento e cabeça fria precisavam ser protegidos contra as pressões democráticas dos eleitores "ignorantes": "Acredito que a solução correta envolverá elementos intelectuais e científicos que precisam achar-se acima das cabeças da vasta massa de eleitores mais ou menos analfabetos" (*"I believe that the right solution will involve intellectual and scientific elements which must be above the heads of the vast mass of more or less illiterate voters"*).[126]

Keynes enxergou claramente a ligação profunda entre a necessária intervenção crescente do Estado capitalista na economia e a política necessariamente antidemocrática que deveria preservar a ação estatal contra "interferências" populares. E essa ligação ainda aparece mais nitidamente descrita no estudo que Hobson publicou em 1938 sobre o imperialismo: "Uma democracia política na qual os interesses e a vontade de todo o povo controlassem os poderes do conjunto do Estado se oporia ativamente ao processo global do imperialismo. Semelhante democracia aprendeu agora a lição de que a igualdade econômica substancial na renda e na propriedade é essencial para ela funcionar. Por isso, a defesa do capitalismo está ligada, em cada país, à destruição ou ao enfraquecimento das liberdades públicas e do governo representativo" (*"A political democracy in which the interests and will of the whole people wield the powers of the whole state will actively oppose the whole process of imperialism. Such a democracy has now learned the lesson that substantial economic equality in income and ownership of property is essential to its operation. The defense of capitalism is, therefore, bound up in every country with the destruction or enfeeblement of the public franchise and representative government"*).[127]

---

[126] "Am I a liberal?" (1925), em *Collected Writings...* vol. IX, *op. cit.*, p. 295.
[127] *Imperialism*, J. A. Hobson, London, 1938, p. 21 (introdução).

V

A utilização do conceito *fascismo* nos ajudará a compreender efetivamente alguma coisa de essencial nos movimentos conservadores "autoritários" de que o mundo, nos últimos anos, tem sido tão rico? Essa possível ajuda compensaria o risco de uma precipitada *assimilação do novo* aos esquemas do tempo e das circunstâncias específicas de Hitler e Mussolini? A Itália mudou, a Alemanha mudou, a situação mundial é muito diferente: o adjetivo *fascista* não tende a se tornar mais uma fonte de equívoco do que meio de esclarecimento, capaz de caracterizar com precisão *fenômenos novos*?

Tais questões se impuseram à reflexão dos dois ensaístas que são hoje considerados, no Ocidente, os mais ilustres especialistas no tema fascismo: o italiano Renzo De Felice e o alemão Ernst Nolte. Ambos decidiram restringir o emprego do conceito de fascismo, praticamente, aos movimentos liderados por Hitler e Mussolini e a outros movimentos diretamente ligados a eles. Nolte nega, por exemplo, que o regime de Salazar em Portugal fosse fascista e nega também que existisse na Áustria no tempo de Dolfuss um "clerical--fascismo", pois faltava ao primeiro a "tendência anticonservadora" típica (?) de todos os fascismos e o segundo não passava de um "pseudofascismo católico".[128] E De Felice escreve: "Se é justo falar

---

[128] *Die faschistischen Bewegungen*, E. Nolte, ed. DTV, München, 1973, pp. 249-302.

do fascismo como um dos grandes fenômenos históricos do nosso século, é preciso entretanto especificar logo que isso não prevalece fora do período entre as duas guerras mundiais" (*"Se è giusto parlare del fascismo come dei uno del grandi fenomeni storici del nostro secolo, bisogna però specificare innanzi tutto che esso non è dilatabile fuori d'Europa e fuori del periodo tra le due guerre mondiali"*).[129] Fora da Europa e do período situado entre as duas guerras mundiais, portanto, só existe fascismo como fenômeno irrelevante...

Para evitar os riscos de um emprego confusionista e anticientífico do conceito de fascismo (riscos obviamente muito reais), os dois fascistólogos famosos *expulsaram o conceito da história que está sendo feita em nossos dias, obrigaram-no a exilar-se no passado*. O sentido conservador dessa opção é claro: independentemente das intenções subjetivas dos dois autores e da inegável utilidade de suas investigações historiográficas, eles acabam contribuindo para confundir e desarmar as forças antifascistas, levando-as a não poderem identificar claramente *as dimensões mundiais com que o fenômeno fascista pode reaparecer, modificado, em nossa época, no interior do capitalismo monopolista de Estado*. A louvável prudência científica de Nolte e De Felice se combina, infelizmente, com uma inaceitável subestimação do capitalismo monopolista de Estado, do imperialismo e do fascismo.

Uma opção resolutamente democrática exige que se busque a solução do problema com que Nolte e De Felice se defrontaram numa outra direção, diversa da deles. Togliatti, em 1935, já advertia: "É preciso não considerar o fascismo como qualquer coisa de definitivamente caracterizado, é preciso considerá-lo no seu desenvolvimento, nunca como algo fixo, nunca como um esquema ou como um modelo" (*"Non bisogna considerare il fascismo come qualche cosa di definitivamente caratterizzato, [...] bisogna considerarlo nel suo sviluppo, mai fisso, mai come uno schema, come modello"*).[130] E essa advertência de

---

[129] *Le interpretazioni del fascismo,* De Felice, ed. Laterza, Bari, 1974. p. 22.
[130] *Lezioni sul fascismo,* ed. Riuniti, Roma, 1974, p. 37.

Togliatti indica o caminho a ser trilhado pelos que se empenham na elaboração de uma alternativa ao conservadorismo de Nolte e De Felice: o exame das *transformações do fascismo*. No âmbito – introdutório – do presente trabalho, não cabe, evidentemente, uma abordagem das formas nacionais dessas transformações. Mas talvez caibam algumas rápidas observações sobre o quadro mundial em que elas se operam, isto é, algumas observações sobre o complexo de problemas aflorado por Keynes e Hobson e mencionado no capítulo anterior: a necessidade de uma crescente intervenção do Estado na economia, a necessidade do caráter antidemocrático dessa intervenção. O quadro que o capitalismo apresenta, hoje, aos nossos olhos, como sistema.

VI

Na passagem do capitalismo dos anos de 1920 e 1930 para o capitalismo atual, não podemos perder de vista nem os elementos de continuidade nem os elementos de descontinuidade.

As leis de cartelização compulsória que conferiam ao Estado poderes para "racionalizar" a economia capitalista através de "fusões" e "expurgos" (no Japão em abril de 1931, na Itália em junho de 1932 e na Alemanha em julho de 1933) e o *New Deal* de Franklin Delano Roosevelt nos Estados Unidos, mais ou menos na mesma época, eram expressões bastante diversas de uma tendência geral do capitalismo no século 20: o sistema percebe que não funciona *espontaneamente* bem e passa a depender cada vez mais do Estado e de sua intervenção na economia.

Keynes ainda concebia essa intervenção em termos de inversões supletivas: quando as possibilidades de investimento dos capitalistas particulares fossem insuficientes para a "conjuntura", o Estado devia tomar as medidas indispensáveis à manutenção do nível de demanda da mão de obra. Mas as necessidades do sistema, em sua nova fase, eram mais profundas do que o economista inglês podia supor. À continuidade da tendência "intervencionista" – inerente à etapa imperialista do capitalismo – acrescentaram-se elementos de descontinuidade, ligados à radicalização da referida tendência e às condições novas em que tal radicalização se processa.

Segundo informa J. K. Galbraith, o dinheiro proveniente de órgãos públicos constituía cerca de 8% da atividade econômica global dos Estados Unidos, em 1929. Atualmente constitui de 20 a 25%.[131] A equipe de economistas liderada por Paul Boccara, por sua vez, assegura que na França, no mesmo período, o Estado passou de 5% para cerca de 35% em sua contribuição direta à atividade econômica.[132] O crescimento das funções do Estado exigiu também o crescimento de seu aparelho: o setor público ocupa hoje em dia cerca de 9% dos assalariados na República Federal da Alemanha, cerca de 11% dos assalariados na França e 11,5% dos assalariados na Itália.[133]

O processo de concentração de capital sufoca as pequenas e médias empresas, em proveito das empresas-gigante (calcula-se que 1/4 da produção industrial do mundo capitalista se deve a 300 dessas empresas colossais). No entanto, mesmo um poderosíssimo monopólio privado enfrenta dificuldades praticamente intransponíveis para realizar investimentos vultosos e arriscados como aqueles que a vida moderna e a competição internacional exigem. O Estado é forçado a subvencionar a pesquisa científica imprescindível à renovação tecnológica, é levado a multiplicar seus créditos, é levado a financiar a aquisição dos meios materiais de produção por parte dos grandes capitalistas.

O exemplo do *Concorde*, fornecido pela equipe de Boccara, é eloquente: nos anos de 1920, bastavam alguns operários altamente qualificados e um engenheiro para construir um avião; agora, para fabricar o supersônico *Concorde*, foram mobilizados dezenas de milhares de operários, milhares de técnicos, centenas de engenheiros, bem como o apoio material de dois Estados (França e Inglaterra).

O Estado é chamado a oferecer garantias, a intervir no mecanismo de formação e fixação dos preços, a controlar os

---

[131] *Le nouvel Etat industriel*, ed. Gallimard, 1967, p. 14.
[132] *Le capitalisme monopoliste d'Etat*, ed. Sociales, 1971, p. 47.
[133] Idem, ibidem, p. 64.

estragos causados pela competição entre os monopólios, é chamado a organizar os contatos, a coordenar e interligar os diferentes capitais às diferentes produções. Com isso, o Estado fortalece uma interdependência geral dos diferentes setores no *nível econômico*. E esse é *um elemento técnico favorável para a passagem do capitalismo ao socialismo*. Não é por sentirem saudades dos tempos do capitalismo liberal que os grandes capitalistas torcem o nariz ante a crescente intervenção do Estado na economia (embora reconheçam que ela é necessária): é porque percebem que, se as forças populares chegarem a se apoderar revolucionariamente do aparelho do Estado, será mais fácil para elas servirem-se dele, agora, na transformação eficiente da estrutura da sociedade.

Mesmo que a tomada do poder por partes das forças populares não lhes pareça estar na ordem do dia, os grandes capitalistas percebem, apreensivos, que o aparelho do Estado não é imune às pressões e infiltrações. O número de capitalistas diminui, ao passo que o número de assalariados aumenta. E o conteúdo de classe do Estado não basta para vaciná-lo contra a contaminação de impulsos políticos provenientes da massa cada vez mais ampla e mais densa das camadas populares. Quanto mais importante se torna o controle do Estado, mais os grandes capitalistas são levados a lutar para "limpá--lo" de "incrustações democráticas", empenhando-o cada vez mais radicalmente em funções repressivas e antipopulares.

Daí a tentação do fascismo.

VII

As condições em que funciona hoje o capitalismo monopolista de Estado estimulam no grande capital a tentação do fascismo. Essa tentação tem sido suficientemente forte para que algumas formas da política fascista "clássica" (dos tempos de Mussolini e Hitler) sejam *autorizadas a sobreviver:* a continuidade do sistema imperialista explica a continuidade existente na trajetória que vai dos *SS* nazistas ao tenente Calley em My Lay, no Vietnã. Mas a descontinuidade explica *por que o capital financeiro encontra atualmente tamanha dificuldade para ceder à tentação.* Nos anos de 1930, existia no mundo um único país socialista: a União Soviética. Os dirigentes das potências imperialistas ainda podiam imaginar que uma guerra poderia suprimir o socialismo da face da terra.[134] Hoje, o campo socialista é imenso e complexo,

---

[134] Um dos livros mais interessantes publicados sobre o fascismo nos últimos anos é o de Nicos Poulantzas: *Fascisme et dictature* (ed. Maspero, Paris, 1970). Poulantzas polemiza com a Terceira Internacional, acusando-a de prender-se a esquemas "economicistas" e de servir-se de uma concepção "instrumentalista" do Estado, subestimando possibilidades políticas concretas em sua luta. A defesa dos princípios do marxismo contra o "economicismo" e contra a visão estreitamente "instrumentalista" do Estado leva o pensamento de Poulantzas a abrir-se fecundamente a estímulos provenientes da leitura de Gramsci e lhe permite propor temas de alta significação à reflexão de seus leitores. Mas as observações de Poulantzas sobre a história da União Soviética e da Terceira Internacional revelam escassa compreensão das condições de luta dos anos de 1930 e suas críticas acolhem por vezes tons meio "professorais".

o imperialismo parece preferir tentar explorar suas contradições internas.

Nos anos de 1930, uma guerra entre as potências imperialistas era uma monstruosidade pensável – que foi, inclusive, pensada e posta em prática – mas na época atual, com as armas termonucleares disponíveis, ela é bem mais difícil de ser concebida.

Privado de grandes respiradouros bélicos, o fascismo evolui contrafeito, caminha com dificuldade. Mas o sistema se recusa a deixá-lo morrer, porque precisa dele: dá-lhe injeções, reanima-o, sugere-lhe sucedâneos para os alimentos que lhe faltam, guerras "localizadas", guerras "intestinas", "agressões internas" etc. Se não é possível vendê-lo por atacado, tenta-se vendê-lo no varejo, a prestações.

Os mitos racistas e o antissemitismo estão desgastados, mas a "demonização" do socialismo continua a funcionar com excepcional eficácia. Políticos que nunca leram Hitler nem Mussolini falam do socialismo como uma força *essencialmente antinacional*, que deve ser implacavelmente combatida e aniquilada *em nome da grandeza da nação*, servindo-se quase que textualmente de expressões caras aos dois ditadores.

As condições atuais da luta não animam o capital financeiro a correr o risco de apoiar partidos de massa, capazes de empunhar bandeiras com cruzes suásticas nas ruas: é preferível tentar manipular a "maioria silenciosa", que fica discretamente em casa, entregue ao consumo da Coca-Cola e da televisão. Novos padrões de conduta política passam a ser inculcados sob a capa de atitudes "não políticas".

As circunstâncias exigem dos fascistas que eles sejam mais prudentes e mais discretos do que desejariam. Pragmaticamente, adaptam-se às exigências dos novos tempos. Mas continuam a trabalhar, infatigavelmente, preparando-se para tempos "melhores", que lhes permitam maior desenvoltura.

Tal como no conto *A colônia penal*, de Franz Kafka. O comandante da colônia, que tinha instalado nela um regime de tipo fascista, morrera e fora enterrado nos fundos de uma taverna, embaixo de uma mesa. Com sua morte, o fascismo tinha sofrido uma grave derrota, na penitenciária. Mas sobre o seu túmulo foi colocada uma lápide com a seguinte inscrição:

Aqui jaz o antigo comandante. Seus adeptos, cujos nomes por ora devem permanecer secretos, dedicaram-lhe esta pedra tumular. Dentro de alguns anos, quando seus adeptos forem mais numerosos, ele voltará a se erguer e reconquistará a colônia. Tende fé e esperai.